读读小古文

启蒙文言文语感　初学古文必备

周慕白　编著

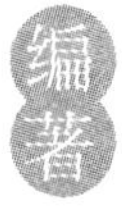

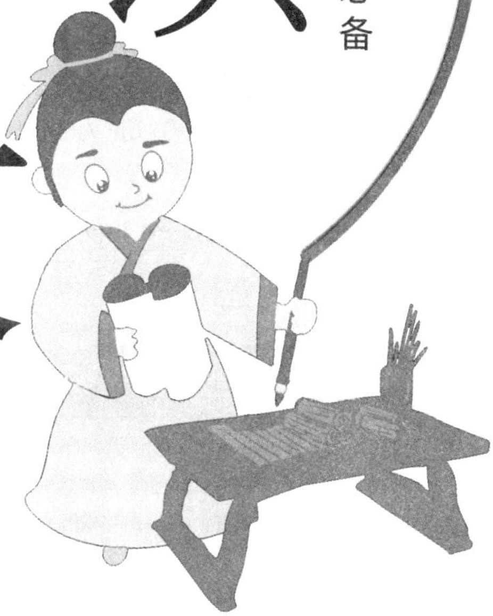

中国纺织出版社有限公司

内 容 提 要

中国古代文学是世界文学宝库中一颗璀璨的明珠，涌现出多种不同的文学体裁，主要代表有：先秦诸子，《诗经》《楚辞》，汉代的赋，南北朝时期的骈体文，唐诗宋词元曲，明清小品等，而古文便是这一切的载体。那里有烟花三月，万紫千红，那是杨柳依依，明月千古。本书遴选其中的优秀篇章，让孩子们走进古文，爱上古文，体验古文之美，感受传统文化的魅力与光彩。

图书在版编目（CIP）数据

读读小古文 / 周慕白编著 . -- 北京 : 中国纺织出版社有限公司，2020.6（2025.1 重印）

ISBN 978-7-5180-7171-5

Ⅰ . ①读… Ⅱ . ①周… Ⅲ . ①文言文－中小学－教学参考资料 Ⅳ . ① G634.303

中国版本图书馆 CIP 数据核字（2020）第 031443 号

策划编辑：顾文卓　　特约编辑：徐　洪
责任校对：高　涵　　责任印制：储志伟

中国纺织出版社有限公司出版发行
地址：北京市朝阳区百子湾东里A407号楼　邮政编码：100124
销售电话：010－67004422　传真：010－87155801
http://www.c-textilep.com
中国纺织出版社天猫旗舰店
官方微博 http://weibo.com/2119887771
永清县晔盛亚胶印有限公司印刷　各地新华书店经销
2020年6月第1版　2025年1月第2次印刷
开本：710×1000　1/16　印张：15
字数：125千字　定价：85.00元

前言

PREFACE

中文，承载着中华民族几千年的文明史，博大而精深，历久且弥新，是世界上最美的语言，没有之一。

中文，简单来说，分为古文和白话文。白话文，也就是现代汉语，距今不过百余年的历史。民国初年，白话文运动正式兴起，古文也就成了众矢之的。它显得文绉绉的，不便于交流，老百姓亲近不了。那时的学者都认为，古文阻碍了社会进步，不融于现代文明，白话文就此应运而生。

站在社会发展的角度来看，白话文取代古文当然是历史的进步。可谁曾想到，推动这项运动的胡适、陈独秀、鲁迅、刘半农等人，个个精通古文，都能深刻领会古文之美。

今天的人们更是懂得包容和吸纳，兼容并蓄，我们依然在学习着古文，传承着这份美感。

古文是我们民族的文化基因，深藏在每一个人的血液中。暮春时节，树木疯长，鸟儿飞起，我们总能想到“暮春三月，江南草长，杂花生树，群莺乱飞”这样的故国情怀；而隆冬时节，天降大雪，我们口中也会吟出一句“未若柳絮因风起”，去回望属于一位女子的不凡才情；当我们看水天一色，烟波浩渺，心头就会立刻浮现出“秋水共长天一色”这样的妙语来。这就是中国人的本能，融入我们的基因中。

古文是历史文化的见证和记录，承载着我们民族的厚重记忆。秦末时，统治者横征暴敛，民不聊生，陈胜、吴广喊出了“王侯将相宁有种乎”的时代最强音；东汉末年，军阀混战，民不堪命，百姓编出乐府歌谣“十五从军征，八十始得归”，唱出了那份属于自己的悲歌；北宋统一，南唐国被灭，后主李煜写出“最是仓皇辞庙日，教坊犹奏别离歌”，至今后人都能读出字里行间的那份悲伤。

古文是古代文学的载体，是民族优秀文化中那颗最璀璨的明珠。它语言精练而纯粹，韵味悠长，极具美感，它千姿百态，形式多样，一代又一代之文学便出现了。《诗经》与《楚辞》，汉赋与骈文，唐诗与宋词，元曲与明清小品。“昔我往矣，杨柳依依。今我来思，雨雪霏霏”“长太息以掩涕兮，哀民生之多艰”“自非亭午夜分，不见曦月”“海内存知己，天涯若比邻”“知否，知否，应是绿肥红瘦”“湖上影子，惟长堤一痕、湖心亭一点、与余舟一芥、舟中人两三粒而已”等。这就是古文之美、中文之美，美得无与伦比，美得震撼心灵。

此外，古文还铭刻着古人的生活智慧和人生哲思。如“知者乐水，仁者乐山”“工欲善其事，必先利其器”“知彼知己，百战不殆”“橘生淮南则为橘，生于淮北则为枳”“塞翁失马，焉知非福”等，无一不是我国古代劳动人民的智慧结晶。

对于今天的中小学生来说，学好古文尤为重要，这不仅仅体现在学业考试上古文比例的增加，更在于作为中华民族的一员，了解民族优秀传统文化的必要性。它能让你神游大江南北，与古人做心灵上的沟通，还可以让你体验古文之美，感受古代文学的璀璨夺目。那里有万紫千红，有杨柳依依，有明月千古，有一切的美好与不朽。这也正是我们出版这本书的初衷。

目 录
CONTENTS

老子的智慧

道德经（六则）

❋❋❋❋❋❋

道可道，非常道；名可名，非常名。无名，天地之始；有名，万物之母。故常无欲，以观其妙；常有欲，以观其徼。此两者同出而异名，同谓之玄，玄之又玄，众妙之门。

❋❋❋❋❋❋

不尚贤，使民不争；不贵难得之货，使民不为盗；不见可欲，使民心不乱。是以圣人治，虚其心，实其腹，弱其志，强其骨。常使民无知无欲，使夫知者不敢为也。为无为，则无不治。

❋❋❋❋❋❋

上善若水。水善利万物而不争，处众人之所恶，故几于“道”。居善地，心善渊，与善仁，言善信，正善治，事善能，动善时。夫唯不争，故无尤。

* * * * * *

治大国若烹小鲜。以道莅天下，其鬼不神。非其鬼不神，其神不伤人。非其神不伤人，圣人亦不伤人。夫两不相伤，故德交归焉。

* * * * * *

天下柔弱，莫过于水，而攻坚强者，莫之能胜，其无以易之。弱之胜强，柔之胜刚，天下莫不知，莫能行。故圣人云："受国之垢，是谓社稷主；受国之不祥，是谓天下王。"正言若反。

* * * * * *

小国寡民，使有什伯，人之器而不用，使民重死，而不远徙。虽有舟舆，无所乘之；虽有甲兵，无所陈之。使民复结绳而用之，甘美食，美其服，安其居，乐其俗。邻国相望，鸡犬之声相闻，民至老死不相往来。

译文

* * * * * *

“道”，是可以用言语来表述的，它并非一般的“道”。“名”也是可以说明的，它并非普通的“名”。“无”可以用来表述天地浑沌未开之时的状态；而“有”，则是宇宙万物产生本原的命名。因此，要永远从“无”中去观察领悟“道”的奥妙；要永远从“有”中去观察体会“道”的端倪。无与有，来源相同而名称相异，它不是一般的玄妙、深奥，而是非常奥妙、不易理解，是宇宙天地万物奥妙的总门。

❋❋❋❋❋❋

不推崇有才德的人，老百姓就不会互相争夺；不追求难得的财物，老百姓就不会去偷窃；不炫耀足以引起贪心的财物，民心就不会被迷乱。因此，圣人的治理原则是：虚静民众的心志，填饱民众的肚子，削减民众的竞争意图，增强民众的筋骨体魄。永远要让百姓不用智慧、没有欲望。这样那些有才智的人也不敢胡作非为，如此而行，天下自然就太平了。

❋❋❋❋❋❋

最好的善应该像水一样。水善于滋润万物，却不与万物相争，处在人们都不喜欢的地方，所以最接近于“道”。最善的人，存身立世能卑微居下，心胸善于保持沉静而深不可测；待人真诚友爱，说话恪守信用，为政能把国家治理好，做事能够发挥长处，行动善于把握时机。最善的人正因为有不争的美德，所以没有过失，也就没有怨尤。

＊＊＊＊＊＊

治理大国好像煎烹小鱼一样。用“道”来治理天下，鬼神也起不了作用。并不是鬼神不起作用了，而是鬼怪的作用伤不了人。不仅仅鬼神伤害不了人，有道的圣人也不以繁苛之政伤害人。这样，鬼神和有道的圣人都不伤害人，因此，就可以让人民享受到德的恩泽。

＊＊＊＊＊＊

天下间再也没有东西比水更柔弱了，但是攻坚克强却没有什么东西比得上水，是凭借水的无形来改变它。柔软之物能够胜过坚硬之物，弱小之物能够胜过强大之物，天下没有人不知道此理，可是却没有人能实行。所以圣人说：“能够承担国家的屈辱，这就是一国之君；能够承担国家的祸灾，这就是天下的君王。”正面的话像是在反说一样。

＊＊＊＊＊＊

国家小，民众稀少，即便有各种各样的器具，也并不使用；使人民重视死亡，而不向远方迁徙；尽管有船只车辆，却不必坐它；尽管有武器军队，却没有地方去布阵打仗。假使让民众再回到结绳记事的原始状态下生活，他们也会满足于自己的粗淡饮食而以为非常甘美，喜爱自己的兽皮草衣而以为特别华丽，安居于自己的石室草屋而无忧无虑，享乐于自己质朴的生活习俗而非常欢喜。邻国与邻国之间互相望得见，鸡犬的叫声都可以听得见，人们直到老死也不相往来以求得利益，更不用说攻城略地的战争。

敲黑板

作者老子，姓李，名耳，字聃，春秋末期人，我国古代伟大的思想家、哲学家、文学家，道家学派的创始人、主要代表人物，与庄子并称为“老庄”。在后世的道教中，老子被尊为道教的始祖。有作品《道德经》一书传世。

《道德经》，又称《老子》，因全文五千字左右，又被称为《老子五千文》，是我国历史上最伟大的著作之一，对传统哲学、科学、政治等都产生了深刻的影响，体现了古代中国人的世界观和人生观。

《道德经》的核心思想是“道法自然”。“道”作为《道德经》中最抽象的概念，在老子看来，是天地万物生成的动力源泉。在哲学上，老子的核心思想是朴素的辩证法，阴阳的对立与统一是万物的本质体现，物极必反，盛极必衰，这是万物演化的规律；在政治上，老子主张无为而治，不生事、不扰民、不折腾，后来成为汉朝初年的治国思想；在伦理上，他主张纯朴、无私、清静、淡泊，民众应该直到老死也不相往来。

承载老子思想的《道德经》是一本奇书，全篇虽然只有五千余字，却包罗万象，微言大义，具有惊人的艺术魅力。

一是句式整齐。《道德经》一书中的语句大多都能做到押韵，体现了我国古代文字的音韵之美，吟诵它，你还可以在音韵之美中体味深刻的哲理，如“道可道，非常道；名可名，非常名”。

二是讲究修辞手法。《道德经》一书中运用了多种修辞方式，使词句准确、鲜明、生动，极富说理性和感染力，如对偶、排比、比喻的使用：“天地不仁，以万物为刍狗；圣人不仁，以百姓为刍狗”“合抱之木，生于毫末；九层之台，起于累土；千里之行，始于足下”。

三是语言精辟。《道德经》一书语言极为精辟，大多都是至理名言，形成了许多成语和格言，也是后世人们常常放在案头的座右铭，如“上善若水”“天长地久”“大巧若拙，大辩若讷”“天网恢恢，疏而不失”等。

孔子的处世

论语（六则）

* * * * * *

曾子曰："吾日三省吾身：为人谋而不忠乎？与朋友交而不信乎？传不习乎？"

* * * * * *

子曰："贤哉，回也！一箪食，一瓢饮，在陋巷，人不堪其忧，回也不改其乐。贤哉回也！"

* * * * * *

子曰："知者乐水，仁者乐山。知者动，仁者静。知者乐，仁者寿。"

* * * * * *

曾子曰："士不可以不弘毅，任重而道远。仁以为己任，不亦重乎？死而后已，不亦远乎？"

* * * * * *

子贡问为仁，子曰：“工欲善其事，必先利其器。居是邦也，事其大夫之贤者，友其士之仁者。”

* * * * * *

子曰：“不知命，无以为君子也；不知礼，无以立也；不知言，无以知人也。”

译文

* * * * * *

曾参说：“我每天多次反省自己：替别人办事有没有尽心竭力？与朋友交往是不是诚实守信？对老师传授的功课有没有按时温习呢？”

* * * * * *

孔子说：“贤德啊，颜回！每天一竹筐饭，一瓢冷水住在简陋的巷子里，别人都忍受不了这种贫苦的生活，颜回却依然自得其乐。贤德啊，颜回！”

* * * * * *

孔子说：“智慧的人喜爱水，仁德的人喜爱山。智慧的人懂得变通，仁德的人心境平和。智慧的人快乐，仁德的人长寿。”

* * * * * *

曾子说："士人不可以不志向远大、意志坚强，因为他肩负的责任重大，且路程遥远。把实现仁作为自己的任务，难道还不重大吗？直到死方才停下来，难道还不遥远吗？"

* * * * * *

子贡问怎样修养自己的仁德之心，孔子说："工匠要想做好工作，必定先把器具打磨锋利。住在一个国家，就要敬奉大夫中的贤人，与士人中的仁者结交。"

* * * * * *

孔子说："不懂得天命，就不可能成为君子；不懂得礼，就没有办法立身处世；不知道分辨别人的言语，就没有可能真正了解别人。"

敲黑板

《论语》，儒家经典之一，是一部语录体散文集，主要以语录和对话形式记录了孔子以及弟子的言行，集中体现了孔子的政治、道德、伦理等思想。《论语》是孔门弟子集体智慧的结晶，编写者主要有仲弓、子游、子夏等，与《大学》《中庸》《孟子》并称为"四书"，对后世有着极大且深远的影响。

孔子，名丘，字仲尼，春秋末期鲁国（曲阜）人，我国古代伟大的思想家、教育家，儒家学派的创始人。因儒家思想后来长期成为我国的正统思想，所以孔子的影响力在中国可以说是无人可比，被后世统治者尊称为“孔圣人”“至圣”“至圣先师”“万世师表”等，其思想对中国乃至全世界都有着深远的影响。

不仅如此，孔子还开创了我国私人讲学的先河，门下弟子有三千人，其中贤者七十二人，如颜回、曾子、子路等。孔子曾周游列国，宣扬他的政治主张，晚年时，修订了《诗》《书》《礼》《乐》《易》《春秋》，这就是著名的儒家六经，他对中国文化的建树可以说是前无古人后无来者。

这里所选择的《论语》六则，都反映了孔子及其弟子的思想和言行。

第一则，主要讲的是人要善于自我反省。曾子，孔门七十二贤之一，是孔门中最重视修身的人，他通过“一日三省”的方法，铸就了完美的人格。“吾日三省吾身”，也成为后世每一位有志之人学习的目标。

第二则，主张人们应淡泊自守，安贫乐道。孔子最为得意的弟子便是颜回，他觉得颜回不但好学，还能够安贫乐道。孔子感到很欣慰，大赞颜回，住在简陋的巷子里，别人都忍受不了这种贫苦的生活，他却依然自得其乐，实在是了不起。

第三则，讲的是“智者乐水，仁者乐山”。这是孔子对于智慧和仁德的深切感受，他认为，智慧的人应该像山那样，矗立不变，刚强执着；仁爱的人应该像水那样，以柔克刚，让人如沐春风。这是对智和仁的形象化解读，发人深省。

第四则，讲的是君子的任重而道远。“士不可以不弘毅，任重而道远”，这句影响深远的名言，激励着后世无数的仁人君子投身到治国平天下的伟大追求之中。

第五则，讲的是“工欲善其事，必先利其器”，这也是传诵千古的名言。它揭示了一个简单而重要的道理，那就是不管做什么事，都要做好准备工作。只有准备工作做好了，基础打好了，事情才能得到顺利解决。

第六则，《论语》中的最后一章，孔子再次向君子提出了立身处世的三点要求，即“知命”“知礼”“知言”，表明孔子对于塑造具有理想人格的君子有着高度期待，他希望有合格的君子来齐家治国平天下。

墨子的思想

修身

君子战虽有陈，而勇为本焉；丧虽有礼，而哀为本焉；士虽有学，而行为本焉。是故置本不安者，无务丰末；近者不亲，无务求远；亲戚不附，无务外交；事无终始，无务多业；举物而暗，无务博闻。

是故先王之治天下也，必察迩来远，君子察迩而迩修者也。见不修行见毁而反之身者也，此以怨省而行修矣。谮慝之言，无入之耳；批扞之声，无出之口；杀伤人之孩，无存之心，虽有诋讦之民，无所依矣。

故君子力事日强，愿欲日逾，设壮日盛。君子之道也：贫则见廉，富则见义，生则见爱，死则见哀；四行者不可虚假，反之身者也。藏于心者，无以竭爱；动于身者，无以竭恭；出于口者，无以竭驯。畅之四支，接之肌肤，华发隳颠，而犹弗舍者，其唯圣人乎！

隳（huī）颠：秃顶。

志不强者智不达；言不信者行不果；据财不能以分人者，不足与友；守道不笃，遍物不博，辩是非不察者，不足与游。本不固者末必几，雄而不修者，其后必惰，原浊者流不清，行不信者名必惰。名不徒生而誉不自长。功成名遂，名誉不可虚假，反之身者也。务言而缓行，虽辩必不听。多力而伐功，虽劳必不图。慧者心辩而不繁说，多力而不伐功，此以名誉扬天下。言无务为多而务为智，无务为文而务为察。故彼智无察，在身而情，反其路者也。善无主于心者不留，行莫辩于身者不立；名不可简而成也，誉不可巧而立也，君子以身戴行者也。思利寻焉，忘名忽焉，可以为士于天下者，未尝有也。

译文

君子作战虽然用阵势，但是必定以勇敢为本；办理丧事虽然讲求礼仪，但是必定以哀痛为本；士人虽然追求才学，但是必定以德行为本。因此，立本而不牢固的，就不必讲究枝节的繁盛；身边的人不能亲近自己，就不必讲究招揽远方之民；亲戚不能归附自己，就不必讲究结交外人；做事情有始无终，就不必谈起从事多种事业；做一件事物尚且弄不明白，就不必追求广博的见闻。

所以先王治理天下，必定要明察身边的人而招揽远处的人。君子能明察身边的人，身边的人也就能修养自己的品行。君子不能修养自己的品行而受到别人的诋毁，那就应该自我反省了，因此怨气少而品德日修，谗害诽谤的言论就不会入耳，攻击他人的言语就不会说出口，伤害他人的念头就不会存在心中了，这样，即使遇到那些好诋毁、攻击的人，他们也就无从施展了。

因此，君子本身的力量一天比一天强，志向一天比一天远大，庄重的品行一天比一天完善。君子之道是这样的：贫穷的时候要表现出廉洁自律，富足的时候要表现出恩义，对于活着的人要表示出慈爱与关怀，对死去的人要表示出哀痛和悲伤。这是君子必备的四种品行，是不可以伪装的。凡是存在于内心的，都是无穷的慈爱；身体举止都体现无比的谦恭；说出口的都是无比的文雅。上述四种品行畅达于四肢和肌肤，直到白发斑斑的时候仍旧不肯舍弃，大概只有圣人啦！

意志不坚强的，智慧一定不高；说话不讲信用的，行动一定不果敢；拥有财富而不能够分给别人的，不值得与他交朋友。守护真理不坚定的，阅历事物不广博的，辨别是非不清楚的，不值得与他交游。根本不牢固的，枝节必定有危机，光靠勇敢而不注重品行修养的，后来必定懒惰，源头浑浊的，河流必定不清澈，不讲诚信的，名声必定会受损害。声誉不会无故产生和自己增长。功成必然名就，名誉不可虚假，必须反求诸己。光说而行动迟缓的人，虽然会说，但没有人会相信。出力多而自夸功劳的人，虽劳苦但并不可取。聪明人心里明白但不愿多说，做事努力而不夸耀自己的功劳，因此就会名扬天下。说话不讲求繁多而讲究智慧，不讲求文采而讲究明白清楚。因此，既无智慧又不能审察，加上自身又懒惰，那么必然会背离正道而行。善不从本心生出就无法保留，行不由本身审辨就不能树立，名望不会由草率简陋而成，声誉也不会因诈伪而立，君子是言行合一的。以追求利益为重，忽视了立名，这样可以成为天下贤士的人，还不曾有过。

敲黑板

作者墨子，名翟，战国初期宋国人，也有学者认为是鲁国人或滕国人。曾任宋国大夫。我国古代著名思想家、教育家、科学家、军事家，墨家学派的创始人，有《墨子》一书传世。

《墨子》一书，是墨子的弟子根据其生平事迹的史料、语录汇编而成的，本文即选自《墨子》。

在今天的人们看来，墨家思想几乎没有影响力，但在当时那个百家争鸣的时代，有“非儒即墨”之称，也就是说人们要么信奉儒家，要么信奉墨家，可见其影响力之大。的确，在诸子百家当中，无论是老子庄子还是孔子孟子，或者是法家的韩非子，代表的都是统治阶级、士大夫阶层，唯有墨子代表的是平民阶级的利益，主张兼爱、非攻、尚贤、节用等。

兼爱就是要爱不同的人或事物，爱不应该有所差别，应该一视同仁；非攻，即反对攻伐掠夺的不义之战，因为无论什么形式的战争，受害最深的都是平民百姓；尚贤，即选贤任能，而不应该任人唯亲，更不应该世代传承；节用，即是主张薄葬，反对铺张浪费，这是针对统治阶级而言的。

同时，墨子还是一位科学家，这就很了不得，他创立了以几何学、物理学、光学为主要成就的一整套科学理论体系，如初中物理当中所说的“小孔成像”以及杠杆原理，都是墨子首先发现的。

本文讲的是修身。墨子认为，凡事都应该追求本源，就是本质问题，做到有始有终；君王治理天下，必定要明察身边的人。同时，君子还应该修养自己的品行，具体要求如下：贫穷的时候要表现出廉洁自律，富足的时候要表现出恩义，对于活着的人要表示出慈爱与关怀，对死去的人要表示出哀痛和悲伤。这是君子必备的四种品行，是不可以伪装的。墨子在这里还强调了意志和诚信的重要性，表示意志不坚强的，智慧一定不高；说话不讲信用的，行动一定不果敢。因此，君子应该戒除懒惰，言行合一，只有这样才能成为对天下有用的贤士。

孟子的雄辩

孟子答梁惠王

梁惠王曰："寡人愿安承教。"孟子对曰："杀人以梃与刃，有以异乎？"曰："无以异也。""以刃与政，有以异乎？"曰："无以异也。"曰："庖有肥肉，厩有肥马，民有饥色，野有饿莩，此率兽而食人也。兽相食，且人恶之，为民父母，行政，不免于率兽而食人，恶在其为民父母也？仲尼曰：'始作俑者，其无后乎！'为其象人而用之也。如之何其使斯民饥而死也？"

安：乐意。梃：木棍。

庖：厨房。

译文

梁惠王说："我乐意接受您的教诲。"孟子回答道："用木棍杀人与用刀刃杀人，在性质上有什么不同吗？"梁惠王说："没有什么不同。"孟子又问道："用刀子杀人和施行暴政害死人，在性质上有什么不同吗？"梁惠王说："也没有什么不同。"孟子说："厨房里有肥嫩的肉，马厩里有壮实的马，可老百姓却面带饥色，荒野中有饿死的尸体，这就像是率领着野兽来吃人啊！野兽自相残食，人们见了尚且厌恶，身为老百姓的父母，施行政事，却不能免于率领野兽来吃人，这又怎么能算是老百姓的父母呢？孔子曾说过：‘最开始使用陪葬木偶的人，他应该会断子绝孙吧！’这是因为土偶木俑像人的样子却用来殉葬。这样尚且不可，那又怎么能让老百姓饿死呢？”

敲黑板

本文选自《孟子》一书。

孟子，名轲，字子舆，战国中期邹国人，我国古代著名思想家、政治家、哲学家，是继孔子之后儒家又一位重要代表人物，他继承了孔子“仁”的思想，并将其发展成为“仁政”，地位仅次于孔子，与孔子并称为“孔孟”，被后世尊称为“亚圣”。

《孟子》是一本语录体散文集，儒家重要经典之一，主要记录了孟子的治国思想、政治观点和政治行动，讲述了孟子与其他诸家思想的争辩，以及对弟子的言传身教、游说诸侯等内容，由孟子及其弟子共同编撰而成，一共有七章，共计三万五千多字。

到了南宋时期，大学者朱熹将《孟子》与《论语》《大学》《中庸》合在一起，称之为“四书”，成为科举考试的必考内容，如同今天的教科书一样。本文节选自《孟子·梁惠王》。

《孟子·梁惠王》讲的是孟子与梁惠王之间的多次对话，集中反映了孟子的治国思想，即著名的仁政思想。在梁惠王面前，孟子侃侃而谈、口若悬河，通过生动鲜活的例子来劝谏梁惠王，时而怒斥，时而诱导，让他实施仁政，用仁爱之心来治理国家，对老百姓好一点，让他们吃饱穿暖，这样国家才会有希望。

本篇中，孟子讥讽梁惠王，说他过着优哉游哉的好日子，厨房里有肥嫩的肉，马厩里有壮实的马，可老百姓却面带饥色，荒野中还有饿死的尸体，这跟用刀子杀人没有什么本质的区别。孟子言辞激烈，进一步说道："身为老百姓的父母，施行政事，却不能避免老百姓被饿死，这又怎么能算是老百姓的父母呢？"梁惠王哑口无言。

从这一段文章我们不难发现，《孟子》这部书不但纯粹宏博，文辞也雄健优美，尤其是孟子的雄辩能力，堪称战国时代的最佳辩手。

庄子的洒脱

逍遥游

北冥有鱼，其名为鲲。鲲之大，不知其几千里也。化而为鸟，其名为鹏。鹏之背，不知其几千里也，怒而飞，其翼若垂天之云。是鸟也，海运则将徙于南冥。南冥者，天池也。《齐谐》者，志怪者也。《谐》之言曰："鹏之徙于南冥也，水击三千里，抟扶摇而上者九万里，去以六月息者也。"野马也，尘埃也，生物之以息相吹也。天之苍苍，其正色邪？其远而无所至极邪？其视下也，亦若是则已矣。且夫水之积也不厚，则其负大舟也无力。覆杯水于坳堂之上，则芥为之舟，置杯焉则胶，水浅而舟大也。风之积也不厚，则其负大翼也无力。故九万里，则风斯在下矣，而后乃今培风；背负青天，而莫之夭阏者，而后乃今将图南。

坳（ào）堂：很小的坑。

蜩与学鸠笑之曰："我决起而飞，抢榆枋而止，时则不至，而控于地而已矣，奚以之九万里而南为？"适莽苍者，三餐而反，腹犹果然；适百里者，宿舂粮；适千里者，三月聚粮。之二虫又何知！

小知不及大知，小年不及大年。奚以知其然也？朝菌不知晦朔，蟪蛄不知春秋，此小年也。楚之南有冥灵者，以五百岁为春，五百岁为秋；上古有大椿者，以八千岁为春，八千岁为秋，此大年也。而彭祖乃今以久特闻，众人匹之，不亦悲乎！汤之问棘也是已。穷发之北，有冥海者，天池也。有鱼焉，其广数千里，未有知其修者，其名为鲲。有鸟焉，其名为鹏，背若泰山，翼若垂天之云，抟扶摇羊角而上者九万里，绝云气，负青天，然后图南，且适南冥也。斥鴳笑之曰："彼且奚适也？我腾跃而上，不过数仞而下，翱翔蓬蒿之间，此亦飞之至也。而彼且奚适也？"此小大之辩也。

晦朔（huì shuò）：早晚，旦夕。蟪蛄（huì gū）：蝉，春生夏死或夏生秋死。

故夫知效一官，行比一乡，德合一君，而征一国者，其自视也，亦若此矣。而宋荣子犹然笑之。且举世誉之而不加劝，举世非之而不加沮，定乎内外之分，辩乎荣辱之境，斯已矣。彼其于世，未数数然也。虽然，犹有未树也。夫列子御风而行，泠然善也，旬有五日而后反。彼于致福者，未数数然也。此虽免乎行，犹有所待者也。若夫乘天地之正，而御六气之辩，以游无穷者，彼且恶乎待哉？故曰：至人无己，神人无功，圣人无名。

数数（shuò shuò）然：刻意追求的样子。

译文

北海有条鱼，它的名字叫作鲲。鲲的巨大，不知道它有几千里。变化成为鸟，它的名字叫作鹏。鹏的背脊，不知道它有几千里，振翅飞翔起来，它的翅膀像挂在天空的云彩。这只鸟，海动时就将迁移而飞往南海。南海就是天池。《齐谐》这部书，是记载怪异事物的。《齐谐》的记载说："大鹏迁移到南海去的时候，翅膀在水面上拍击，激起的水浪达三千里，然后趁着上升的巨大旋风飞上九万里的高空，乘着六月的风离开北海。"像野马奔跑似的蒸腾的雾气，飞荡的尘土，都是风息吹动的结果。天的深蓝色，是它真正的颜色呢？还是因为它太远而没有尽头以致看不清楚呢？大鹏从高空往下看，也不过像人们在地面上看天一样罢了。再说水聚积得不深，那么它负载大船就会浮力不足。倒一杯水在很小的坑里，那么只有小草可以作为它的船；放只杯子在里面就会粘住，这是因为水浅船大的缘故。风聚积得不大，那么它负载巨大的翅膀就会升力不足。所以大鹏飞到九万里的高空，风就在下面了，然后才能乘风飞翔；背驮着青天，没有什么东西阻拦它，然后才能计划着向南飞。

蝉和学鸠笑话它说："我一下子起来就飞，碰上树木就停下来，有时候飞不到，便落在地上就是了，哪里用得着飞上九万里的高空再向南飞呢？"到郊外去旅行的人只要带三顿饭，吃完三顿饭就回家，肚子还是饱饱的；到百里外去旅行的人，头天晚上就要舂米做好干粮；到千里外去旅行的人，要用三个月积聚干粮。这两只小虫又懂得什么呢？

小智慧的比不上大智慧的，年寿短的比不上年寿长的。根据什么知道这些是如此的呢？朝生暮死的菌类不知道早晚，蝉虫不知道一年有春季和秋季，这是寿命短的。

楚国南部生长一种叫冥灵的树，以五百年为春季，以五百年为秋季。古代有一种叫大椿的树，以八千年为春季，以八千年为秋季。彭祖只活了八百岁，可是现在却以长寿而闻名，一般人谈到长寿，就举彭祖去相比，这不是很可悲吗！商汤问他的大夫棘，是这样说的：极北之地有个深海，就是天池。有鱼生长在那里，鱼身的宽度达到几千里，它的长度没有人能知道，它的名字叫作鲲。还有鸟生长在那里，它的名字叫作鹏。背就像一座泰山，翅膀像挂在天空的云彩。趁着巨大旋风飞上九万里的高空，穿过云层，背驮着青天，然后向南飞，将要飞到南海去。小雀子笑话它说："那大鹏将要飞到哪里去呢？我向上跳跃，不超过几丈就落下来，飞翔在飞蓬和青蒿之间，这也是飞翔的最高限度。可是它将要飞到哪里去呢？"这就是小和大的分别。

所以那些才智足以授给一个官职，品行可以适合一乡人的心意，道德符合一个君主的心意而又能取得全国人信任的人，他们看待自己，也像小雀子这样自视很高。宋荣子就笑话这样的人。宋荣子这个人，世上所有的人都称誉他，他也不会更加奋勉，世上所有的人都责难他，他也不会因此而沮丧，他能确定物我的分别，明辨荣辱的界限，如此而已。他对于世俗的名誉，没有拼命追求。虽然如此，还有没树立的东西。列子驾风而行，轻妙极了。十五天后才回到地上来。他对于求福的事情，没有拼命追求。这样做虽然免掉了步行，但还是要依靠风。至于乘着天地的正气，驾驭阴、阳、风、雨、晦、明的变化，来漫游于无穷无尽的空间和时间之中，那种人还依靠什么呀！所以说：道行达到最高峰的人就没有“我”，修养达到神化不测境界的人不求功利，圣明的人不求成名。

敲黑板

作者庄子，名周，宋国蒙人，战国时期伟大的思想家、哲学家、文学家，道家学派的代表人物，与老子并称为“老庄”，著有《庄子》一书，主张“道法自然”“万物平等”。因其文想象力丰富，文笔变化多端，具有浓厚的浪漫主义色彩，代表了先秦散文的最高成就。本文即选自《庄子》。

在中国漫长的历史长河中，标榜自己超脱淡泊的文人雅士有许多，但其中绝大多数都是不纯粹的，都是迫不得已，面对无奈的现实不得不做出一副超然物外的样子，要么便是在追求功名利禄的路上被撞得头破血流，不得不自我麻醉，看淡了尘世间的一切。而庄子则不同，他几乎是天生的超脱者，从不折腾，一切顺应自然，与自然融为一体，追求逍遥无待的精神自由。

比如有一次，庄子在河边钓鱼，两个人走过来找庄子，说楚王要请他做官。庄子继续钓鱼，并不搭理他们，过了一会才悠悠地说道：“我听说楚国有一只神龟，死了已经三千年了，楚王将它的骸骨放在庙堂里供奉起来。你们说说看，这只神龟宁愿死去享受尊贵呢，还是愿意自由地在泥地里玩耍呢？”二人回答说：“当然是自由地活着了。”庄子微微一笑说：“现在你们明白了吧！我就要做那只自由地在泥地里玩耍的龟呀，二位请回吧！”

从这个故事不难看出，庄子追求逍遥无羁的自由生活，为了保持自己的独立人格，他选择远离世俗的一切诱惑和喧嚣。

庄子晚年的时候，他的妻子去世了，好友惠施前来吊唁，谁知他刚一进门，就看见庄子在那里敲着盆唱着歌，看不出一点悲伤来。惠施大惑不解，庄子就说：“她死了，便是离开我这间小屋，去往天地这间大屋，这跟四季的轮转多么相似，我要是哭送，便是太不懂生命的原理了，该欢送她才对。”这是何等超脱的人生境界，将人也看成是自然界的一部分，顺其自然。

还有一个小故事：庄子快要死的时候，他的学生们商议，想用好多东西给他陪葬。庄子说：“我死后，以天地为棺材，以时间为连璧，星辰为珍珠，万物都是可以作为我的陪葬品的，哪里还需要加上这些无用之物。”有一个学生担忧道：“那恐怕乌鸦老鹰会吃您的遗体。”庄子说：“在旷野里被老鹰吃，埋在地下被蚂蚁吃掉，你们这样很偏心啊，为什么对蚂蚁那么好呢？”

这就是庄子的伟大与可贵之处。如果说以孔子为代表的儒家思想代表的是入世的精神，协调的是人与人之间的关系，那么，庄子的道家思想则是明显的出世精神，讲求的是人与自然的法则，主张无为，一切顺应自然。

韩非子的寓言

老马识途

隰（xí）朋：辅佐齐桓公的大臣。孤竹：商周时期一个小国。

管仲、隰朋从于桓公伐孤竹，春往冬反，迷惑失道。管仲曰：“老马之智可用也。”乃放老马而随之，遂得道。行山中无水，隰朋曰：“蚁冬居山之阳，夏居山之阴，蚁壤一寸而仞有水。”乃掘之，遂得水。以管仲之圣，而隰朋之智，至其所不知，不难师于老马与蚁。今人不知以其愚心而师圣人之智，不亦过乎?

译文

管仲和隰朋跟随齐桓公出征孤竹国，春天的时候出征，冬天的时候才返回，谁知大军在归途中迷失了道路。管仲说：“老马的才智可以发挥作用了。”就放开几匹老马在前面走，大军跟在后面，于是就找到了道路。大军走在山中找不到水喝，隰朋说：“蚂蚁冬天的时候会居住在山的南边，夏天的时候会居住在山的北面，只要顺着蚂蚁窝向下挖就会找到水源。”于是就挖掘土地，终于得到了水。

以管仲的精明通达和隰朋的智慧，碰到他们所不知道的事情，都不以向老马和蚂蚁学习为耻，但现在有很多人却不知道自己的愚蠢，更不愿意向聪明人学习智慧，这不也是过错吗？

敲黑板

作者韩非，又称韩非子，韩国国君之子，战国末期著名的思想家、哲学家和散文家，法家思想的集大成者。后人将他的文章汇编成《韩非子》一书。本文即选自《韩非子》。

韩非子的法家思想对后世产生了极大且深远的影响，是后世封建统治阶级治理国家的理论基础，主要观点有君主专制和中央集权。

除此之外，韩非子还创作了许多寓言及成语故事，如守株待兔、自相矛盾、讳疾忌医、滥竽充数、老马识途等，这些生动的寓言故事，无不蕴含了深刻的哲理，给人们以智慧的启迪。

本篇《老马识途》主人公有三位：

齐桓公，名小白，是春秋时齐国的第十五位国君，春秋五霸之首；管仲，名夷吾，春秋时期齐国的宰相，帮助齐桓公成就了霸业，被称为管子，一代名相，智慧超群；隰朋，春秋时期齐国大夫，与管仲、鲍叔牙等辅佐齐桓公，聪明睿智。

春秋时期不比现代社会有各种地图和导航，那时道路不通、信息不畅，迷路是常有的事，行军途中也不例外。

管仲和隰朋随齐桓公出征，快一年了才回来，谁知大军竟迷失了方向，后又在山中找不到水源。两次困难，全靠着管仲和隰朋的智慧得以解决。

所谓寓言故事，讲故事只是一种手段，重要的是告诉人们一个道理。韩非子在这里就告诉人们：以管仲的精明通达和隰明的智慧，碰到他们不懂的事情，都不以向老马和蚂蚁学习为耻，可有很多人竟不知道自己的愚蠢，更不愿意向他人学习，这是完全错误的。告诫人们做事要动脑，善于发现身边事物的规律，对于那些不了解的事情，就要向有经验的人求教学习，不论对方是什么身份，不要把向人求教看作是羞耻的事情。

现在，“老马识途”作为一个成语，比喻有经验的人熟悉情况，能在某个方面起指引、引导的作用。

还有一个问题，老马真能识别道路吗？从科学角度来分析，马的脸很长，鼻腔也很大，嗅觉神经细胞发达，这个超强的嗅觉神经不仅能帮助它鉴别饲料、水质的好坏，还能够辨别方向，对气味以及路途形成牢固的记忆，所以老马是能够识途的。

孙子的兵法

谋攻篇

孙子曰：夫用兵之法，全国为上，破国次之；全军为上，破军次之；全旅为上，破旅次之；全卒为上，破卒次之；全伍为上，破伍次之。是故百战百胜，非善之善者也；不战而屈人之兵，善之善者也。

军、旅、卒、伍：军队的编制单位。四千人为军，五百人为旅，百人为卒，五人为伍。

故上兵伐谋，其次伐交，其次伐兵，其下攻城。攻城之法，为不得已。修橹轒辒，具器械，三月而后成。距堙，又三月而后已。将不胜其忿而蚁附之，杀士三分之一而城不拔者，此攻之灾也。

轒辒（fén wēn）：古代用于攻城的大型战车。

故善用兵者，屈人之兵而非战也，拔人之城而非攻也，毁人之国而非久也，必以全争于天下，故兵不顿，而利可全，此谋攻之法也。

故用兵之法，十则围之，五则攻之，倍则分之，敌则能战之，少则能逃之，不若则能避之。故小敌之坚，大敌之擒也。

夫将者，国之辅也，辅周则国必强，辅隙则国必弱。

故君之所以患于军者三：不知军之不可以进而谓之

磨军：縻，羁縻，指束缚军队的行动。

进，不知军之不可以退而谓之退，是谓縻军。不知三军之事而同三军之政者，则军士惑矣。不知三军之权而同三军之任，则军士疑矣。三军既惑且疑，则诸侯之难至矣。是谓乱军引胜。

虞：料想，这里引申为牵制，掣肘。

故知胜有五：知可以战与不可以战者胜；识众寡之用者胜；上下同欲者胜；以虞待不虞者胜；将能而君不御者胜。此五者，知胜之道也。

殆：危险。

故曰：知彼知己，百战不殆；不知彼而知己，一胜一负；不知彼，不知己，每战必殆。

译文

孙子说：用兵的道理，使敌人举国屈服、不战而降是上策，攻破敌国就次一等；使敌人全军降服是上策，打败敌军就次一等；使敌人全旅的军队降服是上策，击破敌人一旅就次一等；使敌人全卒降服是上策，打败敌人一卒的队伍就次一等；使敌人全伍投降是上策，击破敌人的一伍就次一等。因此，所谓的百战百胜，并不算是最好的用兵策略；未进攻之前就能使敌人降服、根本无力抵抗，才算是最高明的用兵策略。

因此，最上等的用兵策略是以谋略取胜，其次是以外交手段挫败敌方，再次是出动军队攻击敌人取胜，最下等的策略才是攻城。攻城的策略万不得已时才会使用。建造攻城的蔽橹、轒辒，准备好各种攻城的器械，需要花费三个月的时间才能成功。构筑攻城的土山，又要三个月才行。将帅控制不住自己愤怒的情绪，驱使士卒像蚂蚁一样去爬梯攻城，使士卒伤亡三分之一却仍然无法攻克，这就是攻城所带来的灾难。

因此，善于用兵的人，使敌人屈服而不是靠攻伐，攻取敌人的城池而不是靠硬攻，消灭敌国而不是靠久战，用完善的计策争胜于天下，兵力不至于折损，却可以获得全胜，这就是以谋攻敌的方法。

用兵的原则就是：有十倍于敌人的兵力就包围敌人，有五倍于敌人的兵力就选择进攻敌人，有两倍于敌人的兵力就选择分割消灭敌人，若是与敌人兵力相当，则可以选择抗击，若是兵力少于敌人，就要避免与敌方正面交锋，若是兵力弱少、不堪一击，就要选择撤退远逃了。所以弱小的军队顽固硬拼，就会成为强大敌军的俘虏。

将帅，作为国家的辅佐，辅佐周密，国家就会强盛；辅佐出现疏漏，国家必然衰弱。

作为一国之君，对军队可能会造成以下三种危害：不知道军队在什么条件下可以出战而使其出击，不了解军队在什么情况下可以退而使其撤退，这就是所说的束缚了军队的手脚。不熟悉三军的内务而插手三军的政事，就会使军队将士不知所从。不了解军队中的权变之谋而参与军队的指挥，就会使将士们疑虑重重。三军将士既不知所从又疑虑重重，那么诸侯国军队乘机进攻，灾难就会降临到头上。这就是自乱其军而丧失了胜利。

预知取胜的因素有五点：懂得什么条件下可以战或者

不可以战，能取胜；懂得兵多兵少不同用法的，能取胜；全军上下一心的，能取胜；以有备之师待无备之师的，能取胜；将帅有才干而君主不从中干预的，能取胜。这五条，就是预知胜利的道理。

所以说：了解对方也了解自己的，就能够百战百胜；不了解敌方而熟悉自己的，则胜负各半；既不了解敌方，又不了解自己，那么必然每战皆败。

敲黑板

作者孙武，字长卿，春秋末期齐国乐安人，中国历史上最伟大的军事理论家、军事家，被后世尊称为“兵圣”“兵家至圣”，还被誉为“东方兵学的鼻祖”。他所著的《孙子兵法》一书影响极为深远，在中国军事史上乃至世界军事史上都有着极为重要的地位，被誉为“兵学圣典”，是后世无数将领们人人必备的枕边书。

《孙子兵法》是我国现存最早的兵书，共有六千字左右，全书十三篇，本文就是其中的一篇，名为《谋攻篇》。

文中孙武提出了许多我们耳熟能详的军事道理，比如“上兵伐谋，其次伐交，其次伐兵，其下攻城”，最上等的用兵策略是用谋略取胜，其次是用外交手段挫败敌方，再次是出动军队攻击敌人取胜，最下等的策略才是攻城。所以善于用兵的人，应该不战而屈人之兵，以最少的代价获胜。再比如用兵的原则：“十则围之，五则攻之，倍则分之，敌则能战之，少则能逃之，不若则能避之”，即有十倍于敌人的兵力就包围敌人，围而不攻，敌人自己就会乱；有五倍于敌人的兵力就选择进攻敌人，以五敌一，秒杀敌方；有两倍于敌人的兵力，就应该分割敌人，再逐个歼灭；若是与敌人兵力相当，则可以选择抗击，但胜败就难以预料了；若是兵力少于敌人，就要避免与敌方正面交锋；若是兵力弱少，不堪一击，就要选择撤退远逃了。

总之，孙武认为，兵者乃是国家的大事，不可不谨慎，要懂得审时度势，最好的方式就是以最少的代价取得最大的胜利，“不战而屈人之兵”。

我们常说的：“知彼知己，百战不殆”，也是孙武提出来的。了解对方也了解自己的，就能够百战百胜；不了解敌方而熟悉自己的，则胜负各半；既不了解敌方，又不了解自己，则必然每战皆败。

后世说起著名的军事家，总是会想到白起、韩信、卫青、李靖等名将，其实他们都汲取了孙武的军事思想，是站在孙武这个巨人的肩膀上的。另外，孙武绝非是那种纸上谈兵、只会空讲理论的人，他是有着实战经验的，他曾率领吴国军队大败楚国军队，占领了楚国的都城郢城，几乎就把楚国给灭了。孙武所处的年代为春秋时期，战争都以争霸为主，并非统一战争或者兼并战争，孙武实战表现的机会不多，若是生在大一统时代的前夕，恐怕孙武一生的战功绝不会比那些千古名将少。

春秋时代的战争

宋楚泓之战

泓：泓水，在今天河南省柘城县西。

宋公及楚人战于泓。宋人既成列，楚人未既济。司马曰："彼众我寡，及其未既济也，请击之。"公曰："不可。"既济而未成列，又以告。公曰："未可。"既陈而后击之，宋师败绩。公伤股，门官歼焉。

禽：通"擒"。

国人皆咎公。公曰："君子不重伤，不禽二毛。古之为军也，不以阻隘也。寡人虽亡国之馀，不鼓不成列。"

胡耇：年老的人。

子鱼曰："君未知战。勍敌之人，隘而不列，天赞我也。阻而鼓之，不亦可乎？犹有惧焉。且今之勍者，皆吾敌也，虽及胡耇，获则取之，何有于二毛？明耻、教战，求杀敌也。伤及未死，如何勿重？若爱重伤，则如勿伤；爱其二毛，则如服焉。三军以利用也，金鼓以声气也。利而用之，阻隘可也。声盛致志，鼓儳可也。"

儳（chán）：不整齐，这里指不成阵势的军队。

译文

宋襄公和楚国人在泓水交战。宋国军队已经排成战斗的阵势，但这时楚国人还没有全部渡过泓水。子鱼说："敌军人多，我军人少，趁着他们还没有完全渡过泓水，请攻击他们。"宋襄公说："不可以。"等到楚军全部渡过了泓水，但尚未排列好阵势，子鱼再次报告宋襄公，请求攻击他们。宋襄公说："还是不行。"等到楚军摆好阵势，宋军这才攻击他们，结果宋军大败，宋襄公大腿受伤，他的护卫官都被楚军杀死了。

宋国人都责备宋襄公。宋襄公却说："君子不会再杀伤已经受伤的敌人，不会俘虏头发已斑白的老人。古代人用兵的道理，不会凭借险峻的地形来阻击敌人。我即使成了亡国者（商君）的后代，也不会攻击没有排成阵势的敌人。"

子鱼说："主公不懂得作战。面对强大的敌人，因地势险阻而没有排成阵势，这是上天在帮助我们。阻击并进攻他们，不也可以吗？还有什么害怕的呢？而且现在强大的，都是我们的敌人。即便是年老的人，能俘虏就要抓回来，不用管头发是不是已经斑白。明耻以鼓舞战斗的勇气，教战使掌握战斗的方法，就是为了杀死敌人。敌人受伤却还没有死，为什么不能再杀伤他们？如果怜惜他们，不愿再去伤害受伤的敌人，不如一开始就不伤害他们；怜惜头发斑白的敌人，不如对敌人屈服。军队凭借有利的时机行动，敲响战鼓用来鼓舞士兵的勇气。利用有利的时机，敌人遇到险阻，我们可以进攻。声势充沛盛大，增强士兵的战斗意志，攻击未成阵势的敌人是可以的。"

敲黑板

本文选自《左传》，作者左丘明。

《左传》，原名《左氏春秋》，是我国古代一部编年体历史著作，它与《公羊传》《谷梁传》合称“春秋三传”，都是为解释孔子的《春秋》而作的。

《左传》实质上是一部独立撰写的史书，记载了自鲁隐公元年至鲁悼公十四年之间共270年的历史，以《春秋》为本，通过记述春秋时期的具体史实来说明《春秋》的纲目，是儒家重要经典之一。书中主要记录了周王室的衰微以及诸侯争霸的历史，对各类礼仪规范、典章制度、社会风俗等方面都有记述与评论，具有强烈的儒家思想倾向。同时，它也是一部非常优秀的文学著作，善于记述战争，代表了先秦史学的最高成就，对后世的史学产生了很大的影响。

本篇《宋楚泓之战》算是历史上著名的一场公案了。后世很多人嘲笑宋襄公的教条与迂腐，但也有一部分人认为，这恰恰是春秋时代贵族精神的体现，不搞阴谋诡计，真刀真枪摆开阵势干。这大概是中国历史上唯一一次公平的军事较量。后世多倡导兵不厌诈，为取胜不择手段，充满了计谋。

故事的背景大约是这样的：公元前643年，春秋时代第一位霸主齐桓公逝世后，齐国因君位继承而引发了内乱，逐渐衰败下去。当时不同于战国时代，周王室还是比较得人心的，各诸侯国国君对所谓大一统明显缺乏兴趣，他们的目标主要是为了争霸，要其他诸侯国承认自己的霸主地位即可，不必非得搞得你死我活的。就在这时，楚成王见齐国衰落，中原地区无霸主，便趁机将势力渗透到中原地区。对于当时的中国而言，中原地区才是正统，才是核心地区，楚国不过是南方的蛮夷罢了，不过仗着自己的国土大一点，居然也想称霸？宋襄公勃然大怒，不顾宋国国力弱小，要与楚国争夺中原霸主的位置。

公元前638年，宋、楚两国为争夺中原地区霸权，在泓水边发生战争。当时楚国强大，宋国弱小，但战争开始时，形势明显对宋军有利，可宋襄公却死守着所谓君子“不乘人之危”的迂腐教条，拒绝接受子鱼的正确意见，以致贻误战机，最后惨遭失败。

《诗经》中的誓言

秦风·无衣

岂曰无衣？与子同袍。王于兴师，修我戈矛。与子同仇！

岂曰无衣？与子同泽。王于兴师，修我矛戟。与子偕作！

岂曰无衣？与子同裳。王于兴师，修我甲兵。与子偕行！

译文

怎能说没有军装呢？我愿与你同披一件战袍。大王让我们出兵去打仗，且修整好咱们的戈与矛。我们面对的是共同的敌人！

怎能说没有军装呢？我愿与你同披一件汗衣。大王让我们出兵去打仗，且修整好咱们的矛与戟。让我们一起去战斗！

怎能说没有军装呢？我愿与你同穿一件战裤。大王让我们出兵去打仗，且修整好咱们的兵器铠甲。让我们一同前进！

敲黑板

本文选自《诗经》。

《诗经》是中国古代诗歌的开端，是我国最早的一部诗歌总集，相传由孔子编订而成，收集了西周初年至春秋中期的诗歌，总共305篇，分为《风》《雅》《颂》三个部分。《风》又称《国风》，是周代各地的民歌，这是《诗经》中的精华部分；《雅》分为《大雅》和《小雅》，是周代人的正声雅乐；《颂》是周王室和贵族们祭祀宗庙的乐歌。本文选自《国风》中的《秦风》。

诗三百篇，大概找不出这样气势如虹的战歌了！

《诗经》的精华在于“国风”，而“国风”的精华在于情歌，各国的情歌，誓言也好，浪漫也罢，总之都是你侬我侬，其中既有痴男怨女们的悲欢离合，也有青年男女们的互吐爱慕。

把这样的一篇《无衣》放在其中，似乎有点不搭调，但《无衣》仍唱出了《秦风》里的最强音。

秦国地处西戎，远离中原，西风凌烈，残阳似血，故其民风彪悍，好勇斗狠，那秦家汉子个个生得粗壮如牛，力过千斤，这些正是他们质朴尚武的表现。

李白有诗云：秦王扫六合，虎视何雄哉！挥剑决浮云，诸侯尽西来。只用了寥寥数十字，就将秦王一统天下的气魄表现得淋漓精致。的确，大秦帝国的军团是所向披靡的，我们仅从秦陵兵马俑中即可看出端倪。遥想昔日诸侯混战的时代，最终是大秦帝国的军队横扫了六国，统一了九州。因此我们说，《无衣》在秦国传唱也就一点也不奇怪了，想来其他的诸侯国是没有这样的气势的，这是战歌，更是军魂，是足以战胜一切力量的坚定信念。

关于这首诗的解读，几乎不存在任何偏差，它就是一首战歌，歌颂了战友之间生死与共的情谊。关于这首诗的背景，就说法不一了，有人认为这首《无衣》是秦哀公为救楚而当庭创作的；也有人认为，当年西周幽王为犬戎所杀，秦襄王护送周平王迁都洛阳，并奉王命前去征讨犬戎，即作此战歌。

无论出于何种背景，都丝毫不影响这首《无衣》所要表达的恢宏气势，它是一首堪称经典的战歌，更是一种不屈的斗志。《无衣》以其气势如虹的曲调，慷慨激昂的斗志，在情诗弥漫的《诗经》中，显得是那样的弥足珍贵。

屈原的家国情怀

离骚

长太息以掩涕兮，哀民生之多艰。余虽好修姱以鞿羁兮，謇朝谇而夕替。既替余以蕙纕兮，又申之以揽茝。亦余心之所善兮，虽九死其犹未悔。怨灵修之浩荡兮，终不察夫民心。众女嫉余之蛾眉兮，谣诼谓余以善淫。固时俗之工巧兮，偭规矩而改错。背绳墨以追曲兮，竞周容以为度。忳郁邑余侘傺兮，吾独穷困乎此时也。宁溘死以流亡兮，余不忍为此态也。鸷鸟之不群兮，自前世而固然。何方圜之能周兮，夫孰异道而相安？屈心而抑志兮，忍尤而攘诟。伏清白以死直兮，固前圣之所厚。

译文

我长久地叹息掩面擦拭着泪水啊，哀叹人生的道路多么艰难。我虽然爱好美德却遭受束缚啊，早晨进谏君王晚上即遭贬黜。他们弹劾我身上佩带蕙草啊，又指责我采集兰茝作为佩饰。这些都是我心中追求的美好东西啊，为此即便万死我也不会后悔。我埋怨楚王是那样糊涂啊，终究不能体察别人的苦心。小人们嫉妒我的贤能，反而造谣诬蔑说我是淫邪之人。世俗之人原本就是善于取巧啊，背弃规矩而又篡改措施。违背准绳毫无原则啊，将迎合讨好作为处事法则。忧郁烦闷我失意不安啊，现在孤独穷困多么艰难。宁可突然死去形体不存啊，我也绝不会媚俗取巧。鸷鸟不与那些凡鸟同群啊，原本自古以来就是这样的。方和圆怎么能够互相融合啊，志向不同何能彼此相安。宁愿委屈本心压抑情感啊，宁愿包容过错含垢忍耻。保持清白节操为正义而死啊，这原本就是古代圣贤所称赞的事。

敲黑板

作者屈原，名平，战国时期伟大的爱国诗人、政治家，中国浪漫主义文学的奠基人，“楚辞”的创立者和代表作家，主要作品有《离骚》《九歌》《天问》等。

这篇文字就是《离骚》中的经典段落。

《离骚》，中国古代最长的抒情诗，全文表现出强烈的浪漫主义精神，开创了中国文学史上的“骚体”诗歌形式，对后世产生了深远的影响。

屈原在这里直抒胸臆，表达了自己追求美好品质、绝不与世俗小人同流合污的高尚情怀。他以自言自语、自问自答的形式述说着心中的苦闷与愤懑，他痛斥现实的黑暗，追求美好的事物，在孤独中与世俗的强大力量抗衡着。

千百年后，后世的人们依稀可以看到一个消瘦的身影，他傲然又神伤地站在河流的岸边，眺望着他心中热爱的千里楚地疆土，独自垂泪，他就是屈原。

此刻的他孤助无援，出生楚国高门贵族的屈原，本应该站在朝堂之上为国分忧。然而，现实总是残酷的，他被楚怀王疏远了。糊涂荒唐的楚怀王偏听偏信奸佞小人的谗言，对屈原的一片忠心不听不闻。贵族出身的屈原家族世代为官、身居高位，哪里受过这般待遇？即便不重用他也行，如果你楚怀王足够英明神武，将楚国上下治理得井井有条，让老百姓安居乐业，屈原也就放心了。

可问题是在楚国的朝堂之上站立了一群奸臣，他们只知道阿谀奉承、妖言媚上，甚至为了一己之私，不顾国家利益。每每想到这里，屈原都是满心忧伤，觉得楚国快完了。

倘若换做是你我，可能不会如此愤懑不平。因为当时是战国群雄逐鹿的年代，各国君王求贤若渴，以屈原的声望和才干，去到任何一个诸侯国都会受到礼遇，封爵拜将是迟早的事。

吴起，本是卫国人，为了自己的胸中抱负，毅然离开卫国，历仕鲁国、魏国、楚国三国，尤其是在屈原所在的楚国，搞了一场轰轰烈烈的“吴起变法”，使得本是蛮夷之邦的楚国瞬间强大起来，而吴起也担任了楚国的令尹一职，也就是宰相。

李斯，本是楚国人，在楚国做了一个小吏，日子过得还不错。但有一天他突然醒悟，觉得自己应该干一番大事业，于是他决定前往秦国，最终帮助秦王嬴政一统九州，而李斯也实现了自己的理想，官拜丞相之职。

张仪，本是魏国人，如同屈原一样，也是贵族后裔，但为了自己的胸中抱负和大好前程，他最终投奔了秦国，为了建立功业，张仪还率军攻打过自己的故国魏国。

但是屈原做不到，他爱楚国，爱楚国的人民，爱楚国的一切，他不想离开楚国，更不想为他国效命。正因为如此，屈原才值得我们怀念、值得我们铭记，因为在他的身上，我们始终都能看到那光耀千古的爱国情怀。

吕不韦与《吕氏春秋》

次非杀蛟

荆有次非者，得宝剑于干遂。还反涉江，至于中流，有两蛟夹绕其船。次非谓舟人曰：“子尝见两蛟绕船能活者乎？”船人曰：“未之见也。”次非攘臂祛衣，拔宝剑曰：“此江中之腐肉朽骨也！弃剑以全己，余奚爱焉！”于是赴江刺蛟，杀之而复上船。舟中之人皆得活。

攘（rǎng）臂祛（qū）衣：露出臂膀，撩起衣服。
奚：为什么。

译文

楚国有个叫次非的勇士，他在吴国干遂得到一把宝剑。在返乡的途中乘船渡江，船刚行到江中心，江水中就窜出来两条蛟龙从左右两边围住了船。次非问摇船人：“你曾见过两条蛟龙绕住船，船上的人还能活下来的吗？”摇船人回答说：“没有见过。”次非撩起衣服、露出臂膀，拔出宝剑，说：“它们只不过是江中的一堆腐肉朽骨罢了！如果能舍弃宝剑来保全众人的生命，那我为什么要吝惜这宝剑呢？”于是便纵身跳入江中，与蛟龙搏斗，杀了蛟龙后又回到了船上。船上所有人都得以保住性命。

敲黑板

本文选自《吕氏春秋》。

《吕氏春秋》是在秦国丞相吕不韦的主持下，集合门客们编撰的一部著作，包含八览、六论、十二纪，共二十六卷，主要以儒家和道家为主，熔诸子百家学说于一炉，成书于秦始皇统一六国前夕。吕大丞相原本想让这本书作为秦统一后的官方治国思想，不想秦始皇根本就不喜欢，而是钟情于韩非子的法家思想。

吕不韦是一位具有传奇经历的历史人物，河南滑县人，战国末期商人、政治家，秦国丞相。早年经商于阳翟，后来扶植秦异人回国即位，成为秦庄襄王，自己则被拜为相国、封文信侯，这就是历史上著名的“奇货可居”的故事。后来，秦庄襄王去世，太子嬴政即位，拜吕不韦为相邦，尊称他为“仲父”，一时间权倾天下。

大权独揽的吕不韦觉得还不够，觉得自己应该还可以做点其他事，比如著书立学，以留名后世。战国后期，东方六国出现了著名的“战国四君子”，即魏国信陵君、楚国春申君、赵国平原君、齐国孟尝君，他们四人礼贤下士，门下食客众多，名扬四海。吕不韦想在这方面跟他们争个高下，便招来了文人学士，给他们优厚的待遇，最多的时候他门下的食客多达三千人，于是吕不韦开始主持编书，他想编出一本包罗天地万物古往今来的事理的书，故称为《吕氏春秋》。

书成之后，吕不韦非常自信地将其展示在咸阳的城门，上面还悬挂着一千金的赏金，发话说：若是有谁能增加一个字或者删减一个字，就给予他一千金的奖励，但最后没有一个人能做到，这就是“一字千金”的故事，说明这书确实编得非常好。

本篇讲述的是关于勇气的故事，赞赏次非这种敢于斗争、舍生取义的精神。故事本身极具传奇色彩：蛟龙本身力量强大、威力超群，人类不可能是它们的对手。但在这里，作者赋予次非这个勇士无穷的力量，竟将蛟龙斩杀，救下了一整船的人。而这种舍生取义的勇气与精神，正是那个争战时代所需要的。

晏子的故事

晏子使楚

晏子将使楚。楚王闻之，谓左右曰：“晏婴，齐之习辞者也。今方来，吾欲辱之，何以也？”左右对曰：“为其来也，臣请缚一人，过王而行，王曰：‘何为者也？’对曰：‘齐人也。’王曰：‘何坐？’曰：‘坐盗。’”

坐：因为。

晏子至，楚王赐晏子酒，酒酣，吏二缚一人诣王。王曰：“缚者曷为者也？”对曰：“齐人也，坐盗。”王视晏子曰：“齐人固善盗乎？”晏子避席对曰：“婴闻之，橘生淮南则为橘，生于淮北则为枳，叶徒相似，其实味不同。所以然者何？水土异也。今民生长于齐不盗，入楚则盗，得无楚之水土使民善盗耶？”王笑曰：“圣人非所与熙也，寡人反取病焉。”

曷：何。

熙：同“嬉”，开玩笑。

病：辱。

译文

晏子将要出使楚国。楚王听到这个消息，对身边的大臣说：“晏婴是齐国有名的能言善辩之人。现在要来了，寡人想要羞辱他一番，用什么办法呢？”身边的大臣回答说："在他来的时候，请允许我们绑着一个人从大王您面前经过。大王便问：'他是做什么的？'我们回答说：'是齐国人。'大王您又问：'他犯了什么罪？'我们就回答说：'犯了偷窃罪。'"

晏子到了楚国，楚王赐宴招待晏子，酒喝得正高兴时，两个官吏绑着一个人来到楚王面前。楚王便问："绑着的人是做什么的？"官吏回答说："他是齐国人，犯了偷窃罪。"楚王看着晏子说："齐国人生来就善于偷窃吗？"晏子离开自己的座位，回答说："我听说：橘树生长在淮河以南就是橘树，生长在淮河以北就变成枳树了，只是叶子的形状相似罢了，它们果实的味道并不相同。产生这种情况的原因是什么呢？是因为水土不同啊。现在老百姓生活在齐国不偷窃，进入楚国境内就偷窃，难道是因为楚国的水土使得老百姓善于偷窃吗？"楚王笑了笑，说："对圣人是不能同他开玩笑的，寡人反而自讨没趣了。"

敲黑板

本文选自《晏子春秋》，作者不详。

《晏子春秋》是记载春秋时期齐国政治家晏婴言行的一部历史典籍，用史料和民间传说汇编而成，真真假假，主要表现出晏婴的聪明和机智，这篇《晏子使楚》就是代表，在民间广为流传。

在春秋时期，士人作为最后一等统治阶级开始崛起，很多谋士能臣游走在各国之间，凭借自己的口才和智慧，纵横捭阖，各为其主，晏子就是其中的佼佼者。

这类故事在《战国策》中比比皆是，全是舌辩之士力挽狂澜的真实案例，如《触龙说赵太后》《苏秦以连横说秦》《邹忌讽齐王纳谏》等。

以《触龙说赵太后》为例，让我们来一睹舌辩之士的机智和风采，体会他们高超的说话艺术：

战国时期，赵惠文王死后，其子赵孝成王继位，年幼不能理政，便由赵太后摄政。秦国便乘此机会，大举进攻赵国。赵国形势危急，便派人前往齐国求救。齐国发话说：必须得让长安君来齐国做人质才肯出兵。长安君是赵太后最疼爱的小儿子，根本舍不得，大臣们怎么劝都不行。这时，触龙来了，他先是不慌不忙地跟赵太后唠家常，还假装舔着老脸给自己十五岁的小儿子谋一份差事。赵太后大为感动，说原来你们男人也爱小儿子啊！触龙说："是啊！父母爱自己的子女，就应该为他们的长远做打算，我看您就不爱自己的小儿子长安君，更爱自己的女儿燕后。"赵太后否认："不对，我更爱长安君。"触龙进一步说道："不对啊！父母爱自己的子女，就该为他们的将来打算，否则等到自己死了就晚了。现在长安君活得是挺滋润，但他对赵国没有任何功劳，等您去世后，长安君该怎么办呢？"赵太后明白了，终于同意将长安君作为人质派往齐国，如此一来，齐国出兵，赵国的危机自然也就解除了。

本文所选也体现出了晏子高超的说话艺术。

春秋时期，齐景公即位，当时的晋国趁着齐景公刚即位，便派大军压境。齐景公意识到，单凭齐国的力量是无法与晋国抗衡的，便有意与南边的楚国交好，在这种情况下，晏子作为使者访问了楚国。

既然有求于楚国，楚王便恃强凌弱，在晏子还未入都城时，就蓄意侮辱；入城后，又全然不顾外交礼节，接二连三地对晏子予以捉弄和嘲笑。在大庭广众之下，他们抓来了一名盗窃犯，说是齐国人，楚王便看着晏子说："齐国人难道生来就善于偷窃吗？"这是在赤裸裸地侮辱齐国，说齐国人全是盗窃犯。晏子不慌不忙，说了一个形象生动的例子：橘树生长在淮河以南就是橘树，生长在淮河以北就变成枳树了，为什么呢？因为水土不同罢了。齐国老百姓生活在齐国不偷窃，一进入楚国境内就偷窃，难道是因为楚国的水土使得老百姓善于偷窃吗？楚王无言以对。

面对楚王的挑衅，晏子临阵不乱，谈笑自若，针对楚王诬陷齐国人善于偷盗，晏子引用化橘为枳的故事，来说明环境的重要性，后采用类比推理，指出齐国人在齐国不偷盗，进入楚国就偷盗，这恰恰是由于社会环境造成的。

全文语言精练、生动传神，文中所塑造的晏子形象，遇事不乱、娴于辞令、妙语连珠，给读者留下很深的印象。

司马相如与汉赋

哀秦二世赋

陂陁（pō tuó）：倾斜不平。坌（bèn）：一起。隑（qí）：曲折的堤岸。
谽谺（hān xiā）：形容山深。汩淢（gǔ yù）：形容水流急速。
靸（sǎ）：形容浪花飞扬。蓊薆（wěng ài）：形容草木茂盛。
榛榛（zhēn zhēn）：形容草木丛生。
敻（xiòng）：远。罔阆（wǎng làng）：恍惚而无依靠。

登陂陁之长阪兮，坌入曾宫之嵯峨。临曲江之隑州兮，望南山之参差。岩岩深山之谾谾兮，通谷豁谽谺。汩淢靸以永逝兮，注平皋之广衍。观众树之蓊薆兮，览竹林之榛榛。东驰土山兮，北揭石濑。弭节容与兮，历吊二世。

持身不谨兮，亡国失势。信谗不寤兮，宗庙灭绝。呜呼哀哉！操行之不得兮，坟墓芜秽而不修兮，魂无归而不食。敻邈绝而不齐兮，弥久远而愈佅。精罔阆而飞扬兮，拾九天而永逝。呜呼哀哉！

译文

登上那崎岖不平的山坡啊，一直延伸到那高大的宫殿。面前是江水中曲折的堤岸啊，再远望就是那蜿蜒起伏的南山。高峻的深山连绵不断啊，漫长的溪谷深又深。湍急的溪水流向远方啊，流入宽阔平坦的河滩上。看树木茂盛啊，览竹林丛生。东行越过土山啊，向北提衣趟过小溪。在那儿停下不前啊，到秦二世墓前凭吊。

想到他做人不严谨啊，致使国家失势灭亡；他轻信谗言而不醒悟啊，导致宗庙被毁。呜呼哀哉！只因他操行不合规范典则啊，到如今坟墓荒芜而无人修葺，他的灵魂无处安放，也享受不到后世子孙的祭祀。很久以前就断绝而无人供奉啊，越长久就越发荒芜阴沉。灵魂无依靠而到处飘荡啊，飘向九天而永远消逝。呜呼哀哉！

敲黑板

作者司马相如，字长卿，西汉辞赋家，因善写辞赋而受到汉武帝的赏识，与扬雄、班固、张衡一起被后世誉为“汉赋四大家”。他写的赋辞藻瑰丽，气象宏大，想象丰富，代表作有《子虚赋》《上林赋》等。对此，鲁迅先生说：“武帝时文人，赋莫若司马相如，文莫若司马迁。”意思是说，汉武帝时期的所有文人，赋写得最好的是司马相如，文章写得最好的是司马迁。

汉赋是在汉代涌现出的一种有韵的散文，作为汉代文学的代表，曾经盛极一时，其特点是散韵结合，专事铺叙。汉赋的内容可分为五大类：渲染宫殿城市、描写帝王游猎、叙述旅行经历、抒发不遇之情、杂谈禽兽草木，其中，以渲染宫殿城市、描写帝王游猎两类为汉赋的代表，如《二京赋》《两都赋》《三都赋》《上林赋》《子虚赋》等。汉赋气势宏大，这是与当时汉帝国的强大相契合的，是时代的产物。

这篇《哀秦二世赋》就是一篇典型的汉赋。此赋的具体创作时间不详，应该是作者跟随汉武帝过宜春宫时，途经秦二世墓，因有感于“秦二世而亡”的短暂历史创作此赋。

这篇赋可分为叙事写景、议论抒情两部分。第一部分写景，开头两句以叙述人的口气点出宜春苑的标志性建筑和特殊地貌，紧接着描写终南山的峰峦和深谷，从而引出从谷底涌出的泉水汇聚成曲江。“曾宫”附近的曲江两岸，是介于平地和高山缓冲地带的丘陵。那里众树茂盛，竹林丛生，青山绿水。站在“曾宫”旁，南望终南山，最终写到墓，由墓及人，自然引出了秦二世，为第二部分抒发议论作铺垫。

第二部分直接进入议论：想到秦二世做人不严谨，致使国家很快灭亡；他轻信谗言而不醒悟，导致宗庙被毁。在这里，司马相如表面上是抒发自己的感悟，实际上是对汉武帝的讽谏，希望汉武帝能够严谨一点，广开言路。紧接着，作者切中要害，批评秦二世在操守和德行方面存在严重缺失，由此导致了可悲的下场。

《山海经》中的怪兽

南山经

南山经之首曰鹊山。其首曰招摇之山，临于西海之上。多桂多金玉。有草焉，其状如韭而青花，其名曰祝馀，食之不饥。有木焉，其状如榖而黑理，其华四照。其名曰迷榖，佩之不迷。有兽焉，其状如禺而白耳，伏行人走，其名曰狌狌，食之善走。丽麂之水出焉，而西流注于海，其中多育沛，佩之无瘕疾。

又东三百里曰堂庭之山。多棪木，多白猿，多水玉，多黄金。

又东三百八十里曰猨翼之山。其中多怪兽，水多怪鱼。多白玉，多蝮虫，多怪蛇，多怪木，不可以上。

又东三百七十里曰杻阳之山。其阳多赤金。其阴多白金。有兽焉，其状如马而白首，其文如虎而赤尾，其音如谣，其名曰鹿蜀，佩之宜子孙。怪水出焉，而东流注于宪翼之水。其中多玄龟，其状如龟而鸟首虺尾，其名曰旋龟，其音如判木，佩之不聋，可以为底。

底：同“胝”，足茧。

又东三百里柢山。多水，无草木。有鱼焉，其状如牛，陵居，蛇尾有翼，其羽在魼下，其音如留牛，其名曰鯥，冬死而复生。食之无肿疾。

又东三百里曰亶爰之山。多水，无草木，不可以上。有兽焉，其状如狸而有髦，其名曰类，自为牝牡，食者不妒。

又东三百曰基山。其阳多玉，其阴多怪木。有兽焉，其状如羊，九尾四耳，其目在背，其名曰猼訑，佩之为畏。有鸟焉，其状如鸡而三首、六目、六足、三翼，其名曰尚鸟付鸟，食之无卧。

又东三百里曰青丘之山。其阳多玉，其阴多青雘。有兽焉，其状如狐而九尾，其音如婴儿，能食人，食者不蛊。有鸟焉，其状如鸠，其音如呵，名曰灌灌，佩之不惑。英水出焉，南流注于即翼之泽。其中多赤鱬，其状如鱼而人面，其音如鸳鸯，食之不疥。

又东三百五十里曰箕尾之山，其尾踆于东海，多沙石。汉水出焉，而南流注于淯，其中多白玉。

凡鹊山之首，自招摇之山以至箕尾之山，凡十山，二千九百五十里，其神状皆鸟身而龙首。其祠之礼：毛，用一璋玉瘗；糈用稌米，一璧，稻米、白菅为席。

译文

南方山系之首叫作鹊山山系。鹊山山系的头一座山名叫招摇山，屹立在西海的岸边。山上生长着许多桂树，又蕴藏着丰富的黄金和宝玉。山中有一种草，它的形状像是韭菜，却开着青色的花朵，名叫祝余，人吃了它就不会感到饥饿了。山中有一种树木，它的形状像构树，却呈现出黑色的纹理，它的花朵照耀四方，名叫迷谷，将它佩带在身上，就不会迷失方向。山中有一种野兽，形状像极了猿猴，却长着一双白色的耳朵，既能爬行，也能像人一样行走，名叫狌狌，吃了它的肉，可以使人走得飞快。丽麂之水发源于这座山，然后往西注入大海，水中有许多育沛，将它佩带在身上，就不会生蛊胀病。

再往东三百里是堂庭山。山上生长着许多棪木，又有许多白色猿猴，还盛产水晶石，蕴藏着丰富的黄金。

再往东三百八十里是猨翼山。山上生长着许多怪兽，水中生长着许多怪异的鱼。还盛产白玉，有很多蝮虫，很多奇怪的蛇，很多奇怪的树木，人是不可以上去的。

再往东三百七十里是杻阳山。山的南面盛产铜，山的北面盛产白银。山中有一种野兽，它的形状像马，却长着白色的头，身上的斑纹像老虎，而有着红色的尾巴，吼叫的声音像歌谣，名叫鹿蜀，人穿戴上它的毛皮，就可以多子多孙。怪水发源于这座山，然后向东流入宪翼水。水中有众多暗红色的龟，它的形状像普通的乌龟，却长着鸟一样的头，蛇一样的尾巴，名叫旋龟，叫声像劈开木头时发出的响声，佩带上它就能使人的耳朵不聋，还可以治愈脚底的老茧。

再往东三百里是柢山。山间多水流，没有花草树木。有一种鱼，它的外形像牛，栖息在山坡上，长着蛇一样的尾巴，还有一双翅膀长在肋骨上，它的叫声像犁牛，名叫鯥，冬天蛰伏，夏天复苏，吃了它的肉，能使人不患痈肿疾病。

再往东三百里是亶爰山。山间多水流，也没有花草树木，不能攀登上去。山中有一种野兽，它的形状像野猫，却长着像人一样的长头发，名叫类，具有雄雌两种性器官，吃了它的肉，会使人不产生妒忌之心。

再往东三百里是基山，山的南面盛产玉石，山的北面有很多奇怪的树木。山中有一种野兽，它的外形像羊，长着九条尾巴和四只耳朵，眼睛长在背上，名叫猼訑，人穿戴上它的毛皮，就会不产生恐惧的心理。山中还有一种鸟，它的外形像鸡，却长着三个脑袋、六只眼睛、六只脚、三只翅膀，名叫尚付，吃了它的肉，使人不会感到瞌睡。

再往东三百里是青丘山。山的南面盛产玉石，山的北面多出产青雘。山中有一种野兽，它的形状像狐狸，却长着九条尾巴，它的声音跟婴儿啼哭一样，能吞食人，吃了它的肉，就能使人不中妖邪毒气。山中还有一种鸟，它的外形像斑鸠，鸣叫的声音如同人在互相斥骂，名叫灌灌，把它的羽毛插在身上，就会使人不迷惑。英水发源于这座山，然后向南流入即翼泽。泽中有很多赤鱬，它的形状像普通的鱼，却有一张人的面孔，发出的声音如同鸳鸯鸟在叫，吃了它的肉，能使人不生疥疮。

再往东三百五十里是箕尾山，山的尾端坐落于东海的岸边，山上有很多沙石。汉水发源于这座山，然后向南流入淯，水中多产白色玉石。

总计鹊山山系之首尾，从招摇山开始，直到箕尾山结束，一共十座山，途经二千九百五十里。这些山的山神，外形都是鸟的身子龙的头。祭祀山神的典礼如下：把畜禽和璋一起埋入地下，祀神的米要用稻米，用白茅草来做神的座席。

敲黑板

本文选自《山海经》，作者不详。

《山海经》，我国先秦时期的重要古籍，是一本充满了神话传说的古老的奇书，也是一部旅游、地理知识方面的百科全书。传于后世的版本共计18卷，其中《山经》5卷，《海经》13卷，各卷的写作年代至今仍然无法确定，只知道其中14卷为战国时期的作品，另外4卷为西汉初年的作品。

《山海经》的内容主要有民间传说中的地理知识，包括山川、民族、物产、药物、祭祀等，还保存有不少脍炙人口的远古神话传说和寓言故事，包括夸父逐日、精卫填海、大禹治水等。尽管在我们今天看来，《山海经》如同《西游记》《封神榜》一般离奇古怪，但它作为一部古籍，仍具有非凡的文献价值，对我国古代历史、地理、文化、中外交通、民俗、神话等研究，均有参考价值。

全书记载了约四十个邦国，五百五十座山，三百条水道，一百多位历史人物，四百多种神奇怪兽。所记录的事物大部分由南开始，然后向西，再向北，最后到达大陆中部。

按书中所说，九州四周被东海、西海、南海、北海所包围。

本篇选自其中的《南山经》，它为我们描绘了一幅奇幻的世界：这里有祝余，开着青色的花朵，人吃了它就不感到饥饿；有野兽狌狌，形状像猿猴，但长着一双白色的耳朵，能爬行，也能像人一样直立行走，吃了它的肉，人可以走得飞快；有野兽鹿蜀，形状像马，身上的斑纹像老虎，尾巴是红色的，吼叫时像人在唱歌，人穿戴上它的毛皮就可以多子多孙；还有旋龟，形状像普通乌龟，却长着鸟一样的头和蛇一样的尾巴；此外，还有许多山，那上面尽是水晶、黄金或者白银。

塞翁失马，焉知非福

塞翁失马

近塞上之人，有善术者，马无故亡而入胡。人皆吊之，其父曰："此何遽不为福乎？"居数月，其马将胡骏马而归。人皆贺之，其父曰："此何遽不能为祸乎？"家富良马，其子好骑，堕而折其髀。人皆吊之，其父曰："此何遽不为福乎？"居一年，胡人大入塞，丁壮者引弦而战。近塞之人，死者十九。此独以跛之故，父子相保。

何遽（jù）：怎么就。

髀（bì）：大腿骨。

译文

在靠近边塞的地方，有一位擅长推测吉凶祸福的人，一次，他家的马无缘无故跑到了胡人的住地，人们都为此前来安慰他。那老人却说："这怎么就不是一件好事呢？"过了几个月之后，那匹丢失的马竟带着几匹胡人的良驹回来。人们又都纷纷前来祝贺他，那老人却说："这怎么就不是一件坏事呢？"家中有了许多好马，他的儿子又喜好骑马，结果从马上掉下来摔断了腿。人们又都纷纷前来慰问他，那老人却说："这怎么就不是一件好事呢？"又过了一年，胡人大举入侵边塞，健壮男子都被征兵入伍，拿起武器去作战。边塞附近的人绝大部分都死了，唯独老人的儿子因为腿瘸的原因免于征战，父子俩竟一同保全了性命。

敲黑板

本文选自《淮南子》。

《淮南子》，又名《刘安子》，是西汉淮南王刘安及其门客集体编写的一部哲学著作，属于杂家作品。

西汉建立之后，汉高祖刘邦认为，秦朝之所以很快灭亡，就是因为它实行郡县制，没有采用分封制，于是在建国之初，刘邦分封了一大批诸侯王，主要是他的儿子们。刘安的父亲便是其中之一，被封在淮南。

刘安，淮南王，汉高祖刘邦之孙，淮南厉王刘长之子，西汉思想家、文学家，曾招募宾客方术之士几千人，编写出《淮南子》一书。

这篇短文很有意思，可谓是家喻户晓的典故，饱含着深刻的哲理。全篇不停地反转再反转，坏事变好事，好事变坏事，坏事又变好事。可见，好事与坏事之间并没有严格的界限，而是互通的，是可以互相转化的，这也就是人们常说的乐极生悲、否极泰来吧！老子有云："祸兮，福之所倚，福兮，祸之所伏。"这就启发人们要用发展的眼光辩证地去看问题。显然，文中的老人是位智者，他能预测事物发展的趋势，对待任何祸福不喜不悲，坦然面对。

“塞翁失马”的故事在民间流传了千百年，它告诉我们，无论遇到福事还是祸事，都要调整自己的心态，要超越时间和空间去对待它。

飞将军李广

李将军列传

李将军广者，陇西成纪人也。其先曰李信，秦时为将，逐得燕太子丹者也。故槐里，徙成纪。广家世世受射。孝文帝十四年，匈奴大入萧关，广以良家子从军击胡，用善骑射，杀首虏多，为汉中郎。广从弟李蔡亦为郎，皆为武骑常侍，秩八百石。尝从行，有所冲陷折关及格猛兽，而文帝曰："惜乎，子不遇时！如令子当高帝时，万户侯岂足道哉！"

秩：官吏的俸禄。折关：指抵挡敌人。

及孝景初立，广为陇西都尉，徙为骑郎将。吴楚军时，广为骁骑都尉，从太尉亚夫击吴楚军，取旗，显功名昌邑下。以梁王授广将军印，还，赏不行。徙为上谷太守，匈奴日以合战。典属国公孙昆邪为上泣曰："李广才气，天下无双，自负其能，数与虏敌战，恐亡之。"于是乃徙为上郡太守。后广转为边郡太守，徙上郡。尝为陇西、北地、雁门、代郡、云中太守，皆以力战为名。

徙：调任。

匈奴大入上郡，天子使中贵人从广勒习兵击匈奴。

中贵人将骑数十纵，见匈奴三人，与战。三人还射，伤中贵人，杀其骑且尽。中贵人走广。广曰："是必射雕者也。"广乃遂从百骑往驰三人。三人亡马步行，行数十里。广令其骑张左右翼，而广身自射彼三人者，杀其二人，生得一人，果匈奴射雕者也。已缚之上马，望匈奴有数千骑，见广，以为诱骑，皆惊，上山陈。广之百骑皆大恐，欲驰还走。广曰："吾去大军数十里，今如此以百骑走，匈奴追射我立尽。今我留，匈奴必以我为大军诱之，必不敢击我。"广令诸骑曰："前！"前未到匈奴陈二里所，止，令曰："皆下马解鞍！"其骑曰："虏多且近，即有急，奈何？"广曰："彼虏以我为走，今皆解鞍以示不走，用坚其意。"于是胡骑遂不敢击。有白马将出护其兵，李广上马与十余骑奔射杀胡白马将，而复还至其骑中，解鞍，令士皆纵马卧。是时会暮，胡兵终怪之，不敢击。夜半时，胡兵亦以为汉有伏军于旁欲夜取之，胡皆引兵而去。平旦，李广乃归其大军。大军不知广所之，故弗从。

陈：同"阵"，摆开阵列的意思。

译文

将军李广，陇西郡成纪人。他的先祖名叫李信，秦朝时担任将军，就是在追逐中捕获了燕太子丹的那位将军。他的故乡原本在槐里县，后来才迁到了成纪。李家世代传授射箭之术。汉文帝十四年，匈奴人大举入侵萧关，李广凭借良家子弟的身份随军抗击匈奴，因他善骑善射，斩杀敌人首级众多，被朝廷授予中郎一职。李广的堂弟李蔡也被授予中郎，二人都担任武骑常侍，一年俸禄八百石粮食。李广曾跟随皇帝出行，常有冲锋陷阵、抵御敌人以及斗杀猛兽的事，汉文帝说："可惜了！你生不逢时，若是你正赶上汉高祖的时代，封个万户侯当不在话下！"

到汉景帝即位后，李广任陇西都尉，后又调任为骑郎将。到了吴、楚七国叛乱时，李广任骁骑都尉，跟随太尉周亚夫反击吴楚联军，在昌邑城下夺取了敌人的军旗，立功扬名。可由于梁孝王私自把将军印授予李广，大军班师回朝后，朝廷没有对他封赏。后来被调任为上谷太守一职，匈奴人每天都来交战。典属国公孙昆邪对皇上哭着说："李广的才气，天下无双，他自己仗着一身武艺，多次亲自与敌人交战，如此下去，朝廷恐怕会失去这员良将啊！"因此又调任为上郡太守。后来李广转任边境各郡太守，又调任为上郡太守。他曾担任过陇西、北地、雁门、代郡、云中等太守，都以奋力作战而出名。

匈奴大举入侵上郡，天子派遣一名宦官前来，跟随李广学习带兵抗击匈奴。这名宦官带领着几十名骑兵纵马奔驰，遇到了三个匈奴士兵，便与他们交战，三个匈奴士兵回身放箭，射伤了宦官，几乎杀光了他的那些骑兵。这名宦官逃回到李广那里。李广说："这三人一定是射雕的能手。"于是李广就带上一百名骑兵，前去追赶三人。那三个人没有马，只能徒步前行，走了几十里。李广命令他的骑兵左右散开，两面包抄，他亲自去射杀那三个人，射死了其中二人，活捉了一个，一番查问后，果然是匈奴的射雕手。李广将他捆绑，上马后，远远望见几千名匈奴骑兵。这股骑兵看到李广后，以为是用来诱敌的骑兵，都非常惊恐，便跑上山上去摆好阵势。李广的一百名骑兵更是大为惊恐，想要回马飞奔逃跑。这时李广却说："我们这里距离大部队几十里，按照现在这种情况，只要我们一跑，匈奴人就会来追击射杀，我们会立刻被杀光的。现在我们停留不走，匈奴人一定以为我们是来为大军诱敌的，必定不敢攻击我们。"李广向骑兵下令："前进！"骑兵向前进发，到了离匈奴阵地还有二里的地方才停下来，李广又下令："全体下马，解下马鞍！"骑兵们说："敌人那么多，并且又离得近，如果有了紧急情况，怎么办？"李广说："那些敌人以为我们会逃跑，现在我们都解下马鞍，表示我们根本不会逃，这样就能使他们更坚定地相信我们就是诱敌之兵。"因此，匈奴骑兵不敢来攻击。有一名骑白马的匈奴将领出阵来监护他的士兵，李广立即上马和十几名骑兵一起奔驰，射死了那位骑着白马的将领，之后又回到自己的骑兵队里，解下马鞍，命令士兵们都放开马，随便躺卧在草地上。这时正值黄昏，匈奴骑兵始终觉得古怪，不敢进攻。到了半夜时分，匈奴骑兵又以为汉朝有伏兵在附近，想要趁着夜色偷袭他们，于是就领兵撤离了。第二天一早，李广才回到军营中。大军根本不知道李广的去向，所以无法接应。

敲黑板

本文选自《史记·李将军列传》。

作者司马迁，字子长，西汉时期伟大的史学家、文学家，撰写了中国历史上第一部纪传体通史巨著《史记》，被后世尊称为太史公、史迁。

《史记》，又称《太史公》《太史记》，记载了上至传说中的黄帝时代，下至汉武帝太初年间共三千多年的历史，历时十四年完成，被列为“二十四史”之首，与后来的《汉书》《后汉书》《三国志》合称为“前四史”，首创纪传体编史方法，为后世历代正史所沿用。同时，它还是一部优秀的文学巨著，对后世文学产生了深远的影响，被鲁迅誉为“史家之绝唱，无韵之离骚”。

秦时明月汉时关，万里长征人未还。
但使龙城飞将在，不教胡马度阴山。

这是唐代诗人王昌龄的《出塞》一诗，“飞将”指的就是飞将军李广。之所以李广在后世人心目中拥有如此崇高的地位，基本都源于司马迁写的这篇《李将军列传》。不错，正是因为司马迁，李广才得以名垂千古，令后世无数人为之叹惜，遗憾他未能被封侯。的确，李广年少既成名，后历经汉文帝、汉景帝和汉武帝三朝，一生征战沙场，立下了不少战功，可汉武帝就是没给他封侯，不得不令人感到惋惜。但严格说来，李广一生并没有立下大的战功，所谓的“飞将军”称号，完全是因他武艺超群，善骑善射，杀敌勇猛。因此可以这样说，作为一名士兵或者冲锋陷阵的先锋，李广是合格且优秀的，但作为一名将领或者军事统帅，他是平庸且缺乏战略的，远远不及大将军卫青和天才将领霍去病。所谓“李广难封”，在于汉武帝的苛刻，不在于他的不公。

既然李广战功平平，为何司马迁对他大书特书、推崇备至呢？因为李广的孙子李陵。

晚年时期的汉武帝有些昏聩了，曾派李广利、李陵北击匈奴。李陵带领步卒五千人，负责押运辎重，不想却被匈奴八万骑兵重重包围。李陵不愧为李广的孙子，竟能抵抗八天八夜，最后因弹尽粮绝，不得已只能投降了匈奴。对此，汉武帝大怒，认为李陵不配做李广的孙子，应该自杀才是。在这种情况下，正直的司马迁为李陵说情，汉武帝更怒了，直接将司马迁关入大牢，最终司马迁被判宫刑。后来，司马迁写《史记》，因李陵的原因，才对他的爷爷李广格外推崇。

当然，李广也有自己的优点，除了善骑善射，作战勇猛之外，还有沉着机智，爱护士卒，具备良将的基本素质。从本文即可看出——深陷几倍于自己的匈奴骑兵陈列中，正是因为他的沉着机智，才得以全身而退。再者李广性格正直刚强，为人忠厚，每次战胜，他都归功于自己的部下。所以李广也不失为一代名将。

项羽之死

乌江自刎

项王军壁垓下，兵少食尽，汉军及诸侯兵围之数重。夜闻汉军四面皆楚歌，项王乃大惊曰：“汉皆已得楚乎？是何楚人之多也！”项王则夜起，饮帐中。有美人名虞，常幸从；骏马名骓，常骑之。于是项王乃悲歌慷慨，自为诗曰：“力拔山兮气盖世，时不利兮骓不逝。骓不逝兮可奈何，虞兮虞兮奈若何！”歌数阕，美人和之。项王泣数行下，左右皆泣，莫能仰视。

于是项王乃上马骑，麾下壮士骑从者八百馀人，直夜溃围南出，驰走。平明，汉军乃觉之，令骑将灌婴以五千骑追之。项王渡淮，骑能属者百馀人耳。项王至阴陵，迷失道，问一田父，田父绐曰“左”。左，乃陷大泽中，以故汉追及之。项王乃复引兵而东，至东城，乃有二十八骑。汉骑追者数千人。项王自度不得脱，谓其骑曰：“吾起兵至今八岁矣，身七十馀战，所当者破，所击者服，未尝败北，遂霸有天下。然今卒困于此，此天之亡我，非战之罪也。今日固决死，愿为诸君快战，必三胜之，为诸君溃围，斩将，刈旗，令诸君知天亡我，非战之罪也。”

乃分其骑以为四队，四向。汉军围之数重。项王谓其骑曰：“吾为公取彼一将。”令四面骑驰下，期山东为三处。于是项王大呼驰下，汉军皆披靡，遂斩汉一将。是时，赤泉侯为骑将，追项王，项王瞋目而叱之，赤泉侯人马俱惊，辟易数里。与其骑会为三处。汉军不知项王所在，乃分军为三，复围之。项王乃驰，复斩汉一都尉，杀数十百人，复聚其骑，亡其两骑耳。乃谓其骑曰：“何如？”骑皆伏曰：“如大王言。”

于是项王乃欲东渡乌江。乌江亭长舣船待，谓项王曰：“江东虽小，地方千里，众数十万人，亦足王也。愿大王急渡。今独臣有船，汉军至，无以渡。”项王笑曰：“天之亡我，我何渡为！且籍与江东子弟八千人渡江而西，今无一人还，纵江东父兄怜而王我，我何面目见之？纵彼不言，籍独不愧于心乎？”乃谓亭长曰：“吾知公长者。吾骑此马五岁，所当无敌，尝一日行千里，不忍杀之，以赐公。”乃令骑皆下马步行，持短兵接战。独籍所杀汉军数百人。项王身亦被十馀创，顾见汉骑司马吕马童，曰：“若非吾故人乎？”马童面之，指王翳曰：“此项王也。”项王乃曰：“吾闻汉购我头千金，邑万户，吾为若德。”乃自刎而死。

译文

项王的军队在垓下修筑了营垒，兵少粮尽，刘邦的汉军和韩信、彭越的军队将他重重包围了起来。深夜时，听得汉军在四面都唱着楚地的歌，项王大为吃惊地说：“难道汉军已经完全征服了楚地？为什么楚人这么多呢？”项王于是连夜起身，在帐中饮酒。有一美人名叫虞姬，一直受宠，长期跟随在项王身边；有一匹骏马名骓，项王一直骑它。为此，项王不禁慷慨悲歌，自己作诗吟唱道：“力量能拔山啊，英雄气概举世无双，时运不济呀，乌骓马不再往前闯！乌骓马不再往前闯啊可怎么办呢？虞姬呀虞姬，叫我拿你怎么办才好呢！”项王连唱了几遍，虞姬在一旁唱和着。项王的眼泪一行行流下来，左右的侍者也都跟着哭泣，没有一个人忍心抬起头来看他。

于是项王骑上马，部下壮士八百多人骑马跟在后面，趁夜突破重围，向南冲出，飞驰而逃。天快亮的时候，汉军才发现了，命令骑将灌婴带领五千骑兵去追赶。项王渡过淮河，部下壮士只剩下一百多人了。项王到达阴陵后，迷失了方向，便问当地一个农夫，农夫骗他说：“往左边走。”项王便带人向左走，竟然陷进了大片沼泽地中，因此汉兵追上了他们。项王又带着骑兵向东走，到达东城的时候，身边只剩下二十八人了。汉军骑兵追赶上来的有几千人。项王自己估计是不能逃脱了，便对他的骑兵说：“我从带兵起义至今已经八年了，亲自上阵打了七十多场战斗，敢抵挡的敌人都被打垮，所攻击的敌人无不降服，从来没有失败过，因而才能称霸而据有天下。可是现在终于被困在这里，这是上天要灭亡我啊！并不是我用兵打仗的过错。今日肯定是要决一死战，我愿意为大家打个痛痛快快的仗，一定胜它三回，替各位冲破重围，斩杀汉将，砍倒军旗，让各位知道这的确是上天要灭亡我，绝不是我用兵打仗的过错。”

于是把骑兵分成四队，朝着四个方向。汉军将他们重重包围起来。项王对他的骑兵们说：“我来给你们拿下一员汉将！”命令四队骑兵驱马飞奔而下，约定冲到山的东边分作三处集合。于是项王高声呼喊着冲了下去，汉军都像草木随风倒伏一样溃败了，项王果然杀掉了一员汉将。这时候，赤泉侯杨喜担任汉军骑将，在后面追赶项王，项王瞪大眼睛呵斥他，赤泉侯连人带马都被吓坏了，倒退了好几里地。项王与他的骑兵在三处会合了。汉军不知道项王的去处，就把部队分为三路，再次包围上来。项王于是又骑马冲了上去，又斩了汉军一员都尉，杀死了百余名汉军，又再次聚集他的骑兵，发现仅仅才损失了两个人而已。项王便问骑兵们：“怎么样？”骑兵们都拜服不已，说：“正如大王说的那样。”

于是项王就想着要向东渡过乌江。乌江亭长正停船靠岸等在那里，他对项王说：“江东虽然小，但也有着方圆千里土地，几十万民众，也足够称王了。希望大王快快渡江。现在只有我这儿有船，汉军就是到了，也没法渡过去。”项王笑了笑，说：“上天要灭亡我，我为什么还要渡过乌江呢？况且当年我带领江东子弟八千人渡江西征，如今无一人生还，纵使江东父老兄弟怜惜我而拥护我为王，我又有什么颜面去见他们呢？纵使他们不说什么，我项羽难道心中没有愧吗？”于是对亭长说：“我知道您是位忠厚的长者，我骑这匹马征战了五年，所向无敌，经常能够日行千里，我实在不忍心杀掉它，把它赐给您吧。”于是命令骑兵都下马步行，手持短兵器与追兵交战。仅项羽一个人就杀掉汉军几百人。项王自己也负伤十多处，忽然回头看见汉军骑司马吕马童，说：“你不是我的老朋友吗？”马童这时才直视项王，便指给王翳说：“这就是项王。”项王便说道：“我听说汉王用黄金千两、封邑万户来悬赏我的脑袋，我就把这份大礼送给你吧！”说完便自刎而死。

敲黑板

本文选自《史记·项羽本纪》，作者司马迁。

楚汉争霸是中国历史上最传奇的故事之一，本文也是《史记》中最经典的篇章之一。楚汉之争的双方，一方是西楚霸王项羽，一方是汉王刘邦；一方是贵族出身，天生英雄，一方是流氓无赖，地方小吏出身；一方是力能扛鼎的年轻军事统帅，一方是年老的常败将军，怎么看都应该是前者获胜才对，可历史不容篡改，最终的获胜者是刘邦。

论最初的理想抱负，刘邦不能与项羽相提并论。当年少的项羽看见浩浩荡荡的秦始皇的车队时，一时间豪情万丈，抱负惊人，想着有朝一日取代秦始皇；而作为一个整天混吃混喝的流氓无赖刘邦，同样是看到这气势宏大的车队时，只得无奈地叹息一声——大丈夫当如此啊！除了感慨，更多的是无奈和羡慕。

但历史就是这样有趣，秦始皇死后不久，陈胜吴广揭竿而起，各地反秦起义随之风起云涌。这期间，最大的英雄当属项羽了，巨鹿之战，项羽破釜沉舟，身先士卒，令各诸侯国为之侧目，终成西楚霸王。但项羽终归只是个英雄，不是谋略家，更不是政治家，此外，他还有着明显的性格缺陷，具体表现就是刚愎自用、狂妄自大、不善用人；反之，流氓出身的刘邦却在历史的转折中渐渐成为一名合格的政治家，善于用人，虚心纳谏，以关中为基地，不断积蓄和发展，且能屡败屡战，身边谋臣将士更是能齐心协力，终成一代帝业，建立了历史上伟大的汉朝。

楚汉之争最后一战，便是本文所提到的垓下之战。在这里，伟大的军事家韩信将自己的军事才能发挥得淋漓尽致。在四面楚歌中，项羽不得不与自己心爱的女子虞姬诀别，骑上自己的乌骓马，率领八百壮士向南突围而去，几番追击之下，项羽最终选择在乌江自刎，一代英雄就此落幕。

项羽的一生虽然短暂，却为后世留下了许多传说故事以及成语典故，如破釜沉舟、作壁上观、衣锦夜行、沐猴而冠、四面楚歌、霸王别姬等，还有“项庄舞剑，意在沛公”“无颜见江东父老”等经典语录。

后世欣赏项羽的人显然有很多，有文学作品为证，最脍炙人口的作品当属李清照的《夏日绝句》：

生当作人杰，死亦为鬼雄。
至今思项羽，不肯过江东。

张衡不仅仅是位科学家

归田赋

明略：明智的谋略。俟：等待。谅：确实。

游都邑以永久，无明略以佐时；徒临川以羡鱼，俟河清乎未期。感蔡子之慷慨，从唐生以决疑。谅天道之微昧，追渔父以同嬉；超埃尘以遐逝，与世事乎长辞。

鸧鹒（cāng gēng）：即黄鹂。颉颃（xié háng）：鸟飞上下貌。

于是仲春令月，时和气清。原隰郁茂，百草滋荣。王雎鼓翼，鸧鹒哀鸣；交颈颉颃，关关嘤嘤。于焉逍遥，聊以娱情。

鲨鰡（shā liú）：一种小鱼。

尔乃龙吟方泽，虎啸山丘。仰飞纤缴，俯钓长流；触矢而毙，贪饵吞钩；落云间之逸禽，悬渊沉之鲨鰡。

于时曜灵俄景，系以望舒。极般游之至乐，虽日夕而忘劬。感老氏之遗诫，将回驾乎蓬庐。弹五弦之妙指，咏周孔之图书；挥翰墨以奋藻，陈三皇之轨模。苟纵心于物外，安知荣辱之所如?

译文

在都城洛阳做官已经很久了，实在没有高明的谋略去辅佐君王。只在河边称道鱼味鲜美，等待政治清明还不知到何年何月。想到蔡泽的平生壮志不能如愿，竟要找唐举去相面来解答对前途命运的疑惑。天意确实微妙且不可捉摸，我要跟随那渔夫的足迹，像他一样在山水间游乐嬉戏。抛弃那污浊的世俗远远离去，与世间的公务杂事长期分离。

正是仲春二月时节，气候温和，天朗气清。在那宽阔的原野与低洼的湿地上，草木茂盛，一派欣欣向荣。雎鸠在水面张翼低飞，黄鹂在枝头婉转歌唱；河面上鸳鸯交颈，天空中群鸟飞翔，群鸟争鸣、美妙动听。在原野的大好春光之中怡然自得，令我心情欢畅。

于是我就在大湖边龙鸣般歌唱，在小山丘上虎啸般吟诗。抬头仰望天空、向云间射上箭矢，俯瞰河流、往水中撒下钓丝鱼饵；天空中的飞鸟被射中毙命，水中的鱼儿因贪吃而上钩；云间落下了射中的鸟儿，水中钓起了贪吃的小鱼。

没过多久，夕阳西下，继而月亮升了起来。如此嬉戏已然是极乐了，即使夕阳落了下去也不知疲倦。想到老子的劝诫，就该驾着车马回家去了。弹奏五弦琴指法美妙，读圣贤之书趣味无穷。提笔作文，发挥文采，述说古代圣王的教化法则。只要我纵情于世人之外，哪会在乎荣耀与耻辱的所在？

敲黑板

作者张衡，字平子，东汉时期伟大的天文学家、数学家、文学家、发明家，汉赋四大家之一，发明了浑天仪、地动仪等。

在我国悠久的历史当中，诗人、文学家浩如烟海、多如牛毛，但天文学家、数学家就屈指可数了，尤其是农学家，简直凤毛麟角，这当然是古代重文轻理的结果。我国封建时代的正统思想是儒家思想，注重伦理道德，强调人际关系，对农业实践缺乏应有的重视，对科学技术也不重视，因此，张衡的出现就显得非常难得。他发明的地动仪是世界上的地震仪之祖。然而，张衡在当时拥有很高的社会地位和名声，并不是因为他的发明和创造，而是他的官员身份和在汉赋上的成就。

汉顺帝永和三年，即公元 138 年，也就是张衡去世的前一年。此时的他正担任河间相一职，他深深地感觉到朝政黑暗、宦官当道，自己也老了，没有精力再去抗争，便向朝廷打了份“辞职报告”，决心远离污浊的社会和世间的杂务，归隐田园。在这样的背景之下，张衡写下了这篇《归田赋》。

这是一篇优秀的抒情小赋，虽然篇幅很短，但语言清新自然，与作品所展现的环境、心情浑然一体，凝聚了张衡为官一生的感慨与情志。

全文可分为四段：第一段写自己功业难就，决心抽身退隐；第二段写自己归田后的欣喜之情；第三段又作转折；最后一段是作者真实的旷达之语，令人豁然开朗。

不仅如此，《归田赋》还对后世产生了极大的影响，他所开创出来的境界，在赋史上是极其值得重视的。它已不同于先前的汉大赋，开始由叙事大赋转入抒情小赋；在写作风格上也不再追求气势的铺排、辞藻的堆砌，而是类似于四六句骈文，开后世骈赋之先河。

十五从军征，八十始得归

十五从军征

十五从军征，八十始得归。
道逢乡里人，家中有阿谁？
遥看是君家，松柏冢累累。
兔从狗窦入，雉从梁上飞。
中庭生旅谷，井上生旅葵。
舂谷持作饭，采葵持作羹。
羹饭一时熟，不知贻阿谁。
出门东向看，泪落沾我衣。

旅葵（kuí）：野葵，嫩叶可以吃。

贻（yí）：送，赠送。
沾：渗入。

译文

十五岁的时候出门从军打仗，到了八十岁时才得以回家。在路上遇见一个同乡，便问他：“我家中还有哪些人？”“远远看去那就是你的家，可现在已是松柏青翠的一片坟墓了。”走到家门前，只见野兔从狗洞中进进出出，野鸡在屋梁上飞来飞去。院子中长满了野生的谷子，井台的四周也长满了野生的葵菜。捣掉野谷的壳用来做饭，摘下葵菜的嫩叶用来煮汤。汤和饭不一会儿就都做好了，却不知道可以送给谁吃。走出大门向东边看去，不禁老泪纵横，洒落在征衣上。

敲黑板

这首《十五从军征》出自《乐府诗集》，作者不详。

乐府诗，最初发源于秦朝，后来汉武帝设立乐府这个机构，制作雅乐，采集民歌，用于宗庙祭祀和宴饮表演，这就是汉乐府的来历，乐府诗正式兴起。汉乐府民歌内容丰富，反映了当时广阔的社会生活，包括五言、七言和杂言的诗歌形式，开文人五七言诗歌的先河。

到了魏晋南北朝时期，乐府由机构名称变成一种带有音乐性的诗体名称，这就成了乐府诗。无论是汉代的乐府民歌，还是魏晋时期的乐府诗，都是中国诗歌史上宝贵的财富，代表作品有《木兰诗》《孔雀东南飞》《十五从军征》《陌上桑》《江南可采莲》《上邪》等。

乐府诗的题材内容十分广泛，有反映战争痛苦的《战城南》，有反映百姓贫困生活的《妇病行》，有反映男女爱情的《有所思》《上邪》，还有反映人民劳动生活的《江南可采莲》。

这篇《十五从军征》反映的是封建徭役、兵役给百姓带来的苦难。这是一首叙事诗，描绘了一个在外征战多年的军人，到了八十岁的高龄才得以回家。回到家乡后，只见房屋破败不堪，竟成了鸟兽的巢穴；亲人全部故去，孤身一人，一无所有。肚子饿了，只能采野谷和葵菜做饭吃，但他又怎能吃得下去呢？出门东望，眼泪止不住地落了下来。这是何等悲惨的场景，深刻揭露了封建兵役对于百姓的伤害，反映了劳动人民在当时黑暗的兵役制度下的痛苦，对当时社会做出了控诉。

这首诗开篇便不同凡响“十五从军征，八十始得归。”六十五年过去了，他的从军经历如何，战况怎样，诗中均未交代，这就给读者留下了许多想象的空间。但老兵家中的情况是悲惨的：“遥看是君家，松柏冢累累。”在这动乱的年月，亲人们竟无一幸存，摆在他面前的现实是：野兔从狗洞中进进出出，野鸡在屋梁上飞来飞去。院子中长满了野生的谷子，井台的四周也布满了野生的葵菜。由远看到近见，满眼皆是荒凉凄楚的景象。逝者早已死去，活着的人还在苟且偷生，他不得不捣掉野谷的壳用来做饭，摘下葵菜的嫩叶用来煮汤。只是饭做好了，却不知道可以送给谁吃。走出大门向东边看去，什么也没有，什么也没有看到，他不禁老泪纵横，心中荒芜，大地也是一片荒芜。全诗运用白描手法写景写人，语言质朴，且以哀景写哀情，情真意切，令人动容。

古代战争的残酷

战城南

战城南，死郭北，野死不葬乌可食。
为我谓乌：且为客豪！
野死谅不葬，腐肉安能去子逃？
水声激激，蒲苇冥冥；
枭骑战斗死，驽马徘徊鸣。
梁筑室，何以南？何以北？
禾黍不获君何食？愿为忠臣安可得？
思子良臣，良臣诚可思：
朝行出攻，暮不夜归！

谅：当然。

冥冥：深暗的样子。

枭（xiāo）骑：通“骁”，指善战的骏马。

译文

城南城北都有战事，有许多人战死荒野，尸体不掩埋乌鸦便来啄食。请为我对乌鸦说：在吃我们外乡的战死者之前，请为我们悲鸣几声吧！战死在荒野自然没有人会为我们埋葬，腐烂的尸体哪能从你们口中逃掉呢？清澈透明的河水日夜流淌着，岸边茂密的蒲苇草更加葱郁。善战的骏马也在战斗中死去了，那些劣马还在战场上徘徊哀鸣着。在桥梁上筑起了营垒工事，北岸的人民如何来南岸？南岸的人民如何来北岸？无人收获庄稼请问你们吃什么？想要成为忠臣保家卫国怎么能实现呢？怀念那些忠心为国的好战士，那些忠臣良将确实让人怀念：天刚刚亮他们就出去打仗，可到了晚间他们却未能一起归来。

敲黑板

《战城南》是一首汉乐府民歌，作者不详。

这是一首反映战争残酷的民歌，是为在战场上的阵亡者而作的。关于这一类的诗歌太多了，如：

曹松《己亥岁》：凭君莫话封侯事，一将功成万骨枯。

陈陶《陇西行》：可怜无定河边骨，犹是春闺梦里人。

李嘉《宋州东登望题武陵驿》：白骨半随河水去，黄云犹傍郡城低。

沈彬《吊边人》：白骨已枯沙上草，家人犹自寄寒衣。

曹操《蒿里行》：白骨露于野，千里无鸡鸣。

汉代尽管是一个大一统时代，没有多少割据纷争，但战争依然是少不了的，尤其是与北方游牧民族匈奴之间的长期对峙与冲突。长期的战乱必然使得大批将士战死沙场，卫青、霍去病、杜宪等抗击匈奴的名将，在他们功成名就的背后，有着数不尽的妻离子散、横尸荒野。正因为有匈奴的存在，朝廷不得不长期派兵戍守边疆要塞，这首诗便是典型的戍边战士反战情绪的反映。

“战城南，死郭北，野死不葬乌可食”。“城南”“郭北”为互文手法，字面上虽然是说城南和城北，其实到处都在进行战争，到处都有流血和死亡。战争过后，大地上躺满了尸体，成群的乌鸦盘旋在大地的上空，争着啄食这些无人掩埋的战士。面对这样的惨状，每个人都惊心动魄，害怕自己即将成为其中的一员。

在这里，诗人请求乌鸦在啄食之前，先为这些惨死的战士大声恸哭，为他们悲鸣几声。清凉的河水流淌着，茫茫的蒲苇瑟瑟摇摆着，似乎都在向人们哭诉着战争的灾难。突然，一声战马的长嘶引起了诗人的注意：它身受重伤，徘徊悲鸣着。

作者不只是描述眼前战场的情景，并且把眼光移向了整个社会：战争不仅把无数兵士推向了死亡的深渊，更严重破坏了社会生产，无人收获庄稼请问你们吃什么？想要成为忠臣保家卫国怎么能实现呢？士兵们尚且吃不饱，何况老百姓呢？所有这一切，无疑给当时的人民带来了深重的灾难。

祸从口出，请保持低调

诫兄子严敦书

援兄子严、敦，并喜讥议，而通轻侠客。援前在交趾，还书诫之曰："吾欲汝曹闻人过失，如闻父母之名：耳可得闻，口不可得言也。好议论人长短，妄是非正法，此吾所大恶也：宁死，不愿闻子孙有此行也。汝曹知吾恶之甚矣，所以复言者，施衿结缡，申父母之戒，欲使汝曹不忘之耳！"

衿：佩带。缡：佩巾。

"龙伯高敦厚周慎，口无择言，谦约节俭，廉公有威。吾爱之重之，愿汝曹效之。杜季良豪侠好义，忧人之忧，乐人之乐，清浊无所失。父丧致客，数郡毕至。吾爱之重之，不愿汝曹效也。效伯高不得，犹为谨敕之士，所谓'刻鹄不成尚类鹜'者也。效季良不得，陷为天下轻薄子，所谓'画虎不成反类狗'者也。讫今季良尚未可知，郡将下车辄切齿，州郡以为言，吾常为寒心，是以不愿子孙效也。"

谨敕：谨慎。

译文

我兄长之子马严和马敦，都喜欢讥讽议论他人之事，并且爱与轻佻的侠士结交。我在前往交趾的途中，写信回家告诫他们说：“我希望你们听说了别人的过失，就像听见了父母的名字：耳朵可以听见，但口中不可以议论。喜好议论别人的长短，胡乱评论是非和正统法纪，这些都是我深恶痛绝的。我宁可死，也不希望自己的子孙有这种行为。你们知道我非常厌恶这种行为，所以我一再强调。就像女子在出嫁之前，父母会一再告诫她一样，就是希望你们不要忘记啊！”

“龙伯高敦厚谨慎，说出的话没有什么可以指责的，谦逊节俭，廉洁公正而有威望。我欣赏他，敬重他，希望你们能够效仿他，向他学习。杜季良有侠义之心，为人仗义，把别人的忧愁当作自己的忧愁，把别人的快乐当作自己的快乐，无论什么人都喜欢与他结交。他的父亲去世时，几个郡的宾客都来到他家。我欣赏他敬重他，但不希望你们效仿他、向他学习。因为效仿龙伯高不成功，你们还可以成为谨慎谦虚的人，这就是所说的‘雕刻鸿鹄不成，还可以像一只鹜鸭’。可一旦你们效仿杜季良不成功，那就成了轻佻的纨绔子弟了，这就是所说的‘画虎不成反像狗’。到目前为止杜季良的未来还不可预料，郡里的将领们刚一到任就咬牙切齿地恨他，州郡的官员们都以他为话柄，我常常为此寒心，因此我才不愿意子孙效仿他。”

敲黑板

作者马援，字文渊，人称“马伏波”，陕西兴平人，东汉初年著名军事家，东汉开国功臣之一。

王莽新朝末年，天下大乱，马援最初是陇右军阀隗嚣的属下，深得隗嚣的信任，后来归顺了光武帝刘秀，为刘秀的统一战争立下了赫赫战功。天下统一之后，马援虽已年迈，但仍然请缨四处东征西讨，西破羌人，南征交趾，算得上是千古名将。

本文中提到的马严和马敦，乃是马援二哥马余的儿子。在马严七岁时，他的父亲马余在扬州去世，一年后，他的母亲也离世了，成了名副其实的孤儿了，可以说是身世十分悲凉。父母双亡后，他们兄弟俩不得不寄养在梧安的表兄曹贡家。汉光武帝建武四年，即公元 28 年，马援随刘秀东征，路过梧安时，便将两兄弟带回了洛阳。这时的马严已经十三岁了。以孝传家的马援，将他二人视如己出，并严加教诲，这封家书就是明证。马援在写这封家书时，正逢他率军远征交趾。在军务繁忙的非常时刻，他还惦记着子侄的教育，可以说殷切之情溢于言表。

当时，马援的侄子马严、马敦都已二十多岁，年轻气盛，平时喜欢讥评时政，结交豪士侠客，这很令他担忧，于是写了这封家书，饱含了长辈对晚辈的深情关怀和殷切期望。

马援作为长辈，又是大将军，位高权重，但在写信时，并没有依仗自己的权势呵斥晚辈，而是苦口婆心，现身说法，用自己的生活经验与他们沟通，让他们俩低调点，而不是一味地空讲大道理。比如他说：喜好议论别人的长短，胡乱评论是非和正统法纪，这些都是我深恶痛绝的，我宁可死，也不希望自己的子孙有这种行为。这几句话态度明确，感情浓烈，自然可以感染晚辈。后面他又说：你们知道我非常厌恶这种行为，所以我一再强调，就像女子在出嫁之前，父母会一再告诫她一样，就是希望你们不要忘记啊！在这里，马援更是反复叮咛，语重心长，令人感动不已。文章第二段，马援对当世贤良的行为得失加以对比评析，都是他自己观察社会人生得来的经验之谈，即便到了今天仍然适用。后面他说“刻鹄不成尚类鹜”“画虎不成反类狗”，更是发人深省，成为传之千古的名言警句。

曹操的别样性格

蒿里行

蒿里行：汉乐府旧题，本为当时人们送葬所唱的挽歌。蒿里，指死人所处的地方。

关东有义士，兴兵讨群凶。
初期会盟津，乃心在咸阳。
军合力不齐，踌躇而雁行。
势利使人争，嗣还自相戕。
淮南弟称号，刻玺于北方。
铠甲生虮虱，万姓以死亡。
白骨露于野，千里无鸡鸣。
生民百遗一，念之断人肠。

嗣：后来。

遗：剩下。

译文

关东的仗义之士们个个慷慨激昂，起兵讨伐那群凶残的人。本来期望各路将领会盟于孟津，齐心协力共同讨伐身处长安的逆贼董卓。谁知各路人马汇合之后，因为各有自己的打算、人心不齐、力量不集中、犹豫不前、互相观望。势力和利益使得各路军队争夺不休，后来各路军队之间竟自相残杀起来。袁绍的弟弟袁术在淮南称帝，袁绍扶持傀儡皇帝在北方刻制皇帝的印玺。由于战争连续不断，战士们脱不下战服，铠甲上竟生满了虮虱，众多老百姓也因连年战乱而大批死亡。尸骨暴露在野外无人埋葬，千里之内竟荒无人烟，听不到一声鸡鸣。一百个老百姓中只不过剩下一个还活着，想到这里不禁令人哀伤断肠。

敲黑板

作者曹操，字孟德，东汉末年杰出的政治家、军事家、文学家，汉献帝时期的丞相，开创了建安文学。

建安，本是汉献帝的年号，我们今天所说的建安文学，又称建安风骨，是指建安年间到魏明帝年间的文学，代表人物有“建安三曹”和“建安七子”，前者指的是曹操、曹丕和曹植，后者是指孔融、陈琳、王粲、徐干、阮瑀、应玚和刘桢七人。他们直抒胸臆，抒发渴望建功立业的雄心壮志，掀起了我国诗歌史上文人创作的第一个高潮。

汉灵帝中平六年，即公元189年，汉灵帝去世，年仅十三岁的少帝刘辩即位。当时，宦官专权，把持着朝政，大将军何进一面密谋铲除宦官，一面调西凉董卓进京。结果机密泄露，何进反而被宦官所杀，后袁绍、袁术等率兵攻入宫廷，又把宦官给诛杀了，至此朝廷大乱。不久，董卓带兵进京，驱逐了袁绍、袁术，废除少帝刘辩，改立刘协为帝，是为汉献帝。汉献帝年幼，只是个傀儡，朝政完全由董卓把持。到了此时，天下已乱，正式开启了魏晋南北朝长达几百年的大分裂时代。

汉献帝初平元年，即公元190年，袁术、韩馥等东方各路军阀同时起兵，推举袁绍为盟主，曹操为奋威将军，共同起兵讨伐逆贼董卓。可惜的是，这支声势浩大的所谓盟军一开始就已经注定失败，因为他们各怀私心，只是想借机扩充自己的军事力量而已。当董卓率兵留守洛阳，以拒关东之师时，各路人马相互观望、止步不前，唯恐损失了自己的军事力量。据史料记载，当时无人敢率先与董卓交锋。非但如此，各路军阀为了自己的利益，后来竟互相残杀起来，从此开始了东汉末年长期的军阀混战。这首诗前五句就是对这一系列历史事件的真实反映。

后面三句则深刻描述了战争所带来的伤害：连年征战使得将士们长期脱不下战服，铠甲上竟长满了虮虱，而无辜的百姓更是深受其害，因连年战乱而大批死亡。“白骨露于野，千里无鸡鸣”，尸骨暴露在野外无人埋葬，千里之内竟荒无人烟，听不到一声鸡鸣，这句诗便是对东汉末年军阀混战最好的控诉。最后，作者不得不感叹道：一百个老百姓中只不过剩下一个还活着，想到这里不禁令人哀伤断肠，全诗在这种悲怆愤懑的情绪中戛然而止。

全诗风格质朴，沉郁悲壮，体现出了曹操作为一个政治家的豪迈气魄和忧患意识，也体现出了建安文学直抒胸臆、抒发壮志的特点。

八斗之才

白马篇

白马饰金羁，连翩西北驰。
借问谁家子，幽并游侠儿。
少小去乡邑，扬声沙漠垂。
宿昔秉良弓，楛矢何参差。
控弦破左的，右发摧月支。
仰手接飞猱，俯身散马蹄。
狡捷过猴猿，勇剽若豹螭。
边城多警急，虏骑数迁移。
羽檄从北来，厉马登高堤。
长驱蹈匈奴，左顾凌鲜卑。
弃身锋刃端，性命安可怀。
父母且不顾，何言子与妻?
名编壮士籍，不得中顾私。
捐躯赴国难，视死忽如归。

白马篇：又名“游侠篇”，是曹植创作的乐府新题。

连翩（piān）：连续不断，形容白马奔驰的俊逸形象。

楛（hù）矢：用楛木做成的箭。

译文

白色的战马装饰着金色的马具，少年驾驭着它向西北方向奔驰而去。有人问这是谁家的孩子，那是幽并二州的好男儿游侠骑士。年纪轻轻就离别了家乡，誓要到边塞大漠大显身手建功立业。楛木箭和强弓从不离身，下苦功练就了一身武艺。拉开弓如满月左右射击，一箭便能箭中靶心、丝毫不差。抬手就能射中飞驰而来的东西，俯身就能射碎箭靶。他灵巧敏捷神似猿猴，又勇猛轻疾如同豹螭。听说国家边境军情紧急，侵略者一次又一次地进犯边疆。告急信频频从北方传来，游侠儿骑上战马、跃上高堤。随大军长驱直入、直捣匈奴老巢，再回师驱逐鲜卑骑兵。上战场面对着刀光剑影，从不将个人的安危放在心里。连父母尚且不能孝顺服侍，更何况顾念儿女妻子？名和姓既已列上战士的名册，个人私利就已经忘掉了。为解国家危难奋勇献身，看待死亡就好像回归故里一样平常。

敲黑板

作者曹植，字子健，曹操之子，魏晋时期著名文学家、诗人，建安文学的代表人物，被谢灵运称为“八斗之才”，代表作有《洛神赋》《白马篇》《七哀诗》等。

《白马篇》属于乐府歌辞，又作《游侠篇》，诗中塑造了一个武艺精熟的爱国壮士的形象，歌颂了他的为国献身、视死如归的高尚精神，寄托了诗人为国建功立业的雄心壮志。

“白马饰金羁，连翩西北驰。”诗一开头就使人感到气势不凡。从表面看，只见马，不见人，其实这里写马，正是为了写人，用的是烘云托月的手法。这不仅写出了游侠儿骑术娴熟，而且也表现出了边关军情的紧急。

“借问谁家子，幽并游侠儿。少小去乡邑，扬声沙漠垂。”曹植笔下的游侠，是为国家效力的壮士。诗人没有继续写骑白马的游侠儿在边塞如何冲锋陷阵，为国立功，而是笔锋一转，补叙壮士的来历，使诗歌气势变化。

“宿昔秉良弓，楛矢何参差。控弦破左的，右发摧月支。仰手接飞猱，俯身散马蹄。狡捷过猴猿，勇剽若豹螭。”诗人使用了一连串的对偶句，使诗歌语言显得铿锵有力，富于气势。以形象的比喻描写游侠儿的敏捷灵巧，勇猛轻疾，为后面所写的游侠儿为国效力的英勇行为作铺垫。

“边城多警急，虏骑数迁移。羽檄从北来，厉马登高堤。长驱蹈匈奴，左顾凌鲜卑。”这里是写游侠儿驰骋沙场，英勇杀敌的情景。

“弃身锋刃端，性命安可怀。父母且不顾，何言子与妻？名编壮士籍，不得中顾私。捐躯赴国难，视死忽如归。”最后八句揭示游侠儿的内心世界。游侠儿之所以能够克敌制胜，不仅是由于他武艺高超，更重要的是因为他具有崇高的思想品德。这种思想品德和他的高超武艺结合起来，使这个英雄形象有血有肉、栩栩如生，给人以深刻的印象。

诸葛亮的人生信条

诫外甥书

夫志当存高远，慕先贤，绝情欲，弃凝滞，使庶几之志，揭然有所存，恻然有所感；忍屈伸，去细碎，广咨问，除嫌吝，虽有淹留，何损于美趣，何患于不济。若志不强毅，意不慷慨，徒碌碌滞于俗，默默束于情，永窜伏于凡庸，不免于下流矣！

凝滞：心思局限。

揭然：高举的样子。

窜伏：逃避，藏匿。

译文

一个人应当树立远大的志向，追慕古时的先贤，节制自己的情欲，去除那些束缚自己的凡尘杂念，让自己几乎接近圣贤的志向，高举大义，心中浩然长存，使你内心震动、心领神会；要能够忍受适应挫折、顺利等不同境遇的考验，摆脱琐碎事务和感情的纠缠，广泛地向他人请教学习，根除自己怨天怨地的不良情绪，虽然有可能在事业上暂时停步不前，但哪会损毁自己高尚的情趣，又何必担心事业会不成功呢！如果志向不坚定，思想境界便不会崇高开阔，只会沉溺于世俗琐事而碌碌无为，只能被自己的各种私情所困扰而默默无闻，永远混杂在平庸的人群之中，就会难免沦入凡夫俗子之列，成为一个没有教养、没有出息的人。

敲黑板

作者诸葛亮，字孔明，号卧龙，魏晋时期著名的政治家、军事家、文学家，蜀汉时的大丞相，代表作品有《出师表》《诫子书》《诫外甥书》等。

诸葛亮作为一个传奇人物，可谓家喻户晓，后来，随着历朝历代的“粉丝”们对他的追捧，他的形象越来越伟岸，越来越光辉，直至元末明初的小说《三国演义》横空出世，他的高大形象最终达到顶点：鞠躬尽瘁，死而后已，神机妙算，决胜千里，谈笑间樯橹灰飞烟灭，成为忠臣和智慧的代名词，成为后世人无比敬仰的楷模。鲁迅先生曾感慨道：“状诸葛之多智而近妖”。就是说，在《三国演义》一书中，作者将诸葛亮描写得足智多谋，远超于常人了。

尽管诸葛亮的谋略与智慧并非《三国演义》中所写的那般夸张，但他作为一名军事家完全是合格的。更难得的在于他的品质和修养，远非常人可比，这才是后人应该学习和借鉴的。从本文中也可略知一二。

本篇《诫外甥书》阐述了“立志做人”的重要性。本文一开篇，诸葛亮便开宗明义，指出“志当存高远”，即做人应当抱有远大的志向，这是一个人走向成功的前提条件。接下来，围绕着远大志向，诸葛亮从正反两个方面进行了论述。

首先，学习古时候的先贤，节制自己的七情六欲，再去除那些束缚自己的凡尘杂念，让自己无限接近古代圣贤的志向，使自己心中的浩然之气长存。

其次，要能够经受得住磨难和挫折的考验，要能够摆脱琐碎事务和感情的纠缠，虚心好学，不耻下问，广泛地向他人请教，不怨天尤人，虽然有可能在事业上暂时停步不前，但自己高尚的情操依旧还在，也就不必担心自己的事业会不成功。

最后，作者又从反面进行了论述。如果自己的志向不坚定，思想境界便不会崇高开阔，只会沉溺于世俗琐事，导致自己碌碌无为；只能被自己的各种私情所困扰，最终定会默默无闻，永远混杂在平庸的人群之中，沦入凡夫俗子。

这篇文章短短八十几个字，看似是心灵鸡汤，其实有着很深的内涵。的确，作为一名青年人，不光要有崇高的理想、远大的志向，还必须有实现理想的具体的可行的措施，以及战胜困难、排除干扰的毅力，不然再美的理想也只是一种空想。

未出茅庐，三分天下

隆中对

隆中：地名，在今天襄阳城西十三公里古隆中。

亮躬耕陇亩，好为《梁父吟》。身长八尺，每自比于管仲、乐毅，时人莫之许也。惟博陵崔州平、颍川徐庶元直与亮友善，谓为信然。

时先主屯新野。徐庶见先主，先主器之，谓先主曰："诸葛孔明者，卧龙也，将军岂愿见之乎？"先主曰："君与俱来。"庶曰："此人可就见，不可屈致也。将军宜枉驾顾之。"

由是先主遂诣亮，凡三往，乃见。因屏人曰："汉室倾颓，奸臣窃命，主上蒙尘。孤不度德量力，欲信大义于天下；而智术浅短，遂用猖蹶，至于今日。然志犹未已，君谓计将安出？"

亮答曰："自董卓已来，豪杰并起，跨州连郡者不可胜数。曹操比于袁绍，则名微而众寡。然操遂能克绍，以弱为强者，非惟天时，抑亦人谋也。今操已拥百万之众，挟天子而令诸侯，此诚不可与争锋。孙权据有江东，已历三世，国险而民附，贤能为之用，此可以为援而不可图也。荆州北据汉、沔，利尽南海，东连吴会，西通巴、蜀，此用武之国，而其主不能守，此殆天所以资将军，将军岂有意乎？益州险塞，沃野千里，天府之土，高祖因之以成帝业。刘璋暗弱，张鲁在北，民殷国富而不知存恤，智能之士思得明君。将军既帝室之胄，信义著于四海，总揽英雄，思贤如渴，若跨有荆、益，保其岩阻，西和诸戎，南抚夷越，外结好孙权，内修政理；天下有变，则命一上将将荆州之军以向宛、洛，将军身率益州之众出于秦川，百姓孰敢不箪食壶浆以迎将军者乎？诚如是，则霸业可成，汉室可兴矣。”

殆（dài）：大概。

箪食壶浆：用竹篮盛着饭食、用壶装着酒水。

先主曰：“善！”于是与亮情好日密。

关羽、张飞等不悦，先主解之曰：“孤之有孔明，犹鱼之有水也。愿诸君勿复言。”羽、飞乃止。

译文

诸葛亮亲自在田中耕作，喜爱吟唱《梁父吟》，他身高八尺，常常把自己与管仲、乐毅相比，当时人们并不认可。只有博陵的崔州平，颍川的徐庶与诸葛亮关系很好，说确实是这样。

适逢先帝刘备驻扎在新野。徐庶拜见刘备，刘备很器重他，他对刘备说：“诸葛孔明这个人，是人间卧伏着的龙啊，将军可愿意见他吗？”刘备说：“您和他一起来。”徐庶却说：“这个人只能你去拜访，不可委屈了他召他上门来，将军您应该亲自去拜访他。”

于是，先帝就去隆中拜访诸葛亮，总共去了三次，才见到他。于是刘备让左右之人退下，说：“汉室统治面临崩溃，奸邪臣子盗用政令，皇帝蒙受苦难。我不能衡量自己的德行能否服人，估计自己的力量能否胜任，想要为天下人伸张正义，可是我才谋短浅，因此失败，弄到今天这个地步。可我的志向到现在还没有停止，您认为该采取怎样的办法呢？”

诸葛亮回答说：“自董卓独掌大权以来，各地豪杰同时起兵，割据州郡、称霸一方的人数不胜数。曹操与袁绍相比，声望不足且人马不多，然而曹操最终能打败袁绍，凭借弱小的力量战胜强大的敌人，不仅仅依靠的是天时，也是因为谋划得当。现在曹操已拥有百万大军，挟持着天子来号令诸侯，这确实不能与他争锋。孙权占据江东，已历经三世了，地势险要，民心归附，又有有才能的人为他所用，孙权这方面只可以把他作为外援，但是却不可以谋取他。荆州北靠汉水、沔水，南到南海，所有物资都能得到，东边与吴郡、会稽相连，西边与巴郡、蜀郡相通，这是兵家必争的地方，但是它的主人却没有能力守住它，这大概是天意让它来资助将军的，将军你可有占领它的意思呢？益州地势险要，有千里沃野，自然条件优越，高祖皇帝凭借它建立了帝业。如今益州刘璋昏庸懦弱，张鲁在北面占据着汉中，那里的百姓殷实富裕，物产丰富，而刘璋却不知道爱惜体恤，有才能的人都渴望得到贤明的君主。将军既然是汉室的后代，且声望很高，天下闻名，应广泛地罗致英雄，礼贤下士，如果能占据荆州与益州两地，守住险要的关隘，与西边的各个少数民族和好，安抚南边的少数民族，对外联合东吴的孙权，对内能够革新政治；一旦天下形势发生了变化，就派遣一员上将率领荆州的军队直指中原一带，将军您则亲自率领益州的军队从秦川出击，老百姓谁能不用竹篮盛着饭食、用壶装着酒水来欢迎将军您呢？果真能这样做，那么称霸的事业就可以成功，汉室天下就可以复兴了。”

刘备说：“好！”从此便与诸葛亮的关系一天天亲密起来。

关羽、张飞等人不高兴了，刘备劝解他们说：“我有了孔明，就像鱼得到水一样。希望你们不要再说了。”关羽、张飞于是便不再说什么了。

敲黑板

作者陈寿，字承祚，西晋史学家，著有纪传体史学巨著《三国志》。

《三国志》，“二十四史”之一，是陈寿历经十年艰辛完成的一部纪传体三国史，共65卷，有440名三国历史人物的传记，完整地记叙了东汉末年至西晋初年中国由分裂走向统一的历史全貌。这篇《隆中对》便选自《三国志·诸葛亮传》。

东汉末年，宦官专权，政治黑暗，民不聊生，阶级矛盾和统治阶级内部矛盾都异常尖锐。终于，在公元184年爆发了全国规模的黄巾大起义。黄巾起义被镇压后，地方豪强又登场了，他们割据一方，形成了长达十年之久的军阀混战。官渡之战之后，曹操挟天子以令诸侯，基本上占据了北方，刘表则占据荆州，孙策占据江东，刘璋占据益州。而此时的刘备依旧没有属于自己的势力和地盘，只得依附于荆州的刘表，希望以皇室宗亲的身份，匡扶汉室，称雄天下，为此广揽人才。

公元 207 年，名士徐元直将诸葛亮推荐给了刘备，并再三嘱咐他要亲临求教。于是，刘备先后三次前往隆中，请求诸葛亮出山相助，这就是历史上著名的“三顾茅庐”。刘备直到第三次才见到了诸葛亮，本文便详细记载了当时的情形以及二人之间的对话。在这里，诸葛亮分析了天下形势，为刘备谋划出一条“三国鼎立”的道路来：先取荆州为家，再占领益州，守住险要的关隘，与周边的少数民族修好，以成鼎足之势。待天下形势发生变化，就派一员上将率荆州之众直指中原，刘备则率益州之众北出秦川，那么中原可定，天下可图。后世人每说到这一段，总是叹服于诸葛亮的经天纬地之才，称赞他“未出茅庐，便是三分天下”。

从全文来看，文章篇幅虽短，却能把对策及其前前后后写得如此广阔，分析得如此透辟，且论述周详，足见本文的言简意赅，由此可知作者的史学功底之厚。

不为五斗米折腰

五柳先生传

先生不知何许人也，亦不详其姓字。宅边有五柳树，因以为号焉。闲静少言，不慕荣利。好读书，不求甚解；每有会意，便欣然忘食。性嗜酒，家贫不能常得。亲旧知其如此，或置酒而招之。造饮辄尽，期在必醉；既醉而退，曾不吝情去留。环堵萧然，不蔽风日，短褐穿结，箪瓢屡空，晏如也。常著文章自娱，颇示己志。忘怀得失，以此自终。

辄（zhé），就。

箪瓢屡空：形容贫困，难以吃饱。

晏如：安然自若。

赞曰：黔娄之妻有言："不戚戚于贫贱，不汲汲于富贵。"其言兹若人之俦乎？衔觞赋诗，以乐其志，无怀氏之民欤？葛天氏之民欤？

汲汲：极力营求的样子。

俦（chóu）：辈，同类。

译文

不知道五柳先生是哪里的人，也不清楚他的姓名。因他的住宅旁边有五棵柳树，于是就以此作为他的号。他安安静静，很少说话，不爱慕荣华利禄。他喜好读书，只领会要旨，不在一字一句的解释上过分探究；每当对书中的内容有所领悟时，就会高兴得连饭也忘了吃。他生性喜爱喝酒，但因家中贫穷常常不能得到满足。亲戚朋友知道他这种境况，有时会置办酒席来招待他。他去喝酒就会喝个尽兴，希望自己一定喝醉；喝醉了就回家，也不会矫情，竟然说走就走。环视他简陋的居所，一片空空荡荡，遮挡不住风雨和烈日，粗布短衣上面打满了补丁，盛饭的篮子和饮水的瓢经常是空的，可是他依然是一副安然自若的样子。常常写一些文章来自娱自乐，稍微显露出他的志趣。他从不把得失放在心上，就这样来过完自己的一生。

赞语说：黔娄的妻子曾经说过："不为贫贱而忧虑悲伤，不为富贵而极力营求。"这话大概说的就是五柳先生这一类人吧？一边喝酒一边作诗，为自己抱定的志向而感到快乐。不知道他是无怀氏时代的人呢，还是葛天氏时代的人呢？

敲黑板

作者陶渊明，字元亮，又名潜，江西九江人，东晋时期的大诗人，也是中国历史上第一位田园诗人，被称为"古今隐逸诗人之宗"，代表作品有《饮酒》《归田园居》《桃花源记》《归去来兮辞》等，有《陶渊明集》传世。

这篇短文可以看成是陶渊明的个人宣言，他就是文中的五柳先生。正是因为这一篇短文，再加上陶渊明不平凡的人生经历，使他成为后世无数文人的精神偶像。

为什么呢？这篇文章中就有答案。

古代文人士大夫的追求，几乎都是修身齐家治国平天下，都想着建功立业，一展胸中抱负，因此，李白说："长风破浪会有时，直挂云帆济沧海"；杜甫说："致君尧舜上，再使风俗淳"；范仲淹说："先天下之忧而忧，后天下之乐而乐"等，都是这种追求的表现。但是现实是残酷而无情的，因自己的个性与当时的官僚集团不和，或者因为其他种种原因，他们中的绝大多数人并没有实现自己最初的理想。那怎么办呢？如何才能安慰自己受伤的内心？如何才能心安理得地过好下半生？如何在自己理想破灭后还能实现自身价值、标榜个性呢？他们找了很久，终于找到了自己的精神寄托——陶渊明。

每当他们失意被贬时，就会想起陶渊明，准备撂挑子不干了，学他隐居去，采菊东篱下，悠然见南山，多么自由自在；每当他们在尘世间混得一塌糊涂、穷困潦倒时，就会想起陶渊明，说自己不是穷，而是想跟偶像陶渊明一样，不为贫贱而忧虑悲伤，不为发财做官而极力营求；每当他们被世俗琐事、人情世故搞得焦头烂额时，就会放纵自己，还说自己那是不愿与世俗同流合污，不愿理会这些繁文缛节，而是应该像陶渊明那样，平时只看看书、写写文章，要么就是喝喝小酒，别人请客一定会喝醉，想走就走，也不用还请，反正陶渊明就是这样。

就这样，陶渊明成为后世所有失意文人的精神偶像，上自李白杜甫，下自落魄秀才。最终，陶渊明成为一种精神象征，成为一种隐逸情怀，成为中国文化史上的一个亮丽符号。

至于这篇短文，应该是陶渊明晚年时所写。

短文第一段是正文，第二段是赞语。第一段主要讲了四点内容，一是“五柳先生”称号的由来；二是五柳先生的性格志趣：“闲静少言，不慕荣利”，喜好读书，只领会要旨，不在一字一句的解释上过分探究；三是写“五柳先生”的饮酒嗜好：强调他的嗜酒是出于天性，而非门阀之士的放荡纵酒，自我麻醉；四是写“五柳先生”的安贫与著文，他虽然居室破陋，衣食不足，却安然自得，这正是他安贫乐道的表现。第二段是赞语。这个赞语其实就是黔娄之妻的两句话：“不戚戚于贫贱，不汲汲于富贵”，这两句话与前面写到的“不慕荣利”相照应，这是五柳先生最大的特点和优点，也正是后世失意文人视他为偶像的原因所在。

古代才女的典范

谢道韫咏絮

晋名将谢安，寒雪日内集，与儿女辈讲论文义。俄而雪骤，公欣然曰：“白雪纷纷何所似？”兄子胡儿曰：“撒盐空中差可拟。”兄女道韫曰：“未若柳絮因风起。”公大笑乐。

俄而：不久。

骤：急、猛。

译文

东晋名将谢安，在一个寒冷的雪天，把家族中的子侄辈聚集在一起，跟他们谈诗论文。不一会儿，突然雪下大了，谢安高兴地说：“你们看，这纷纷扬扬的大雪像是什么？”侄子谢朗说：“这跟把盐撒在空中差不多。”侄女谢道韫说：“不如把雪比作柳絮，被风吹得漫天飞舞。”谢安高兴得大笑起来。

敲黑板

这篇小短文选自《世说新语》。

《世说新语》是南朝时临川王刘义庆组织一批文人编写的，记载的是东汉后期到魏晋时一些文人名士的言行和趣事，生动形象地反映出当时士族的生活方式与精神面貌，语言精练，生动传神，是六朝志人小说的代表，对后世小说影响极大。

刘义庆，南朝宋时著名文学家，字季伯，江苏徐州人，皇族出身，自幼才华出众，喜好诗文，曾经广招四方文士聚在他的门下，这也才有了我们今天所看到的《世说新语》。

这篇小短文讲的是谢安与子侄们一起赏雪论诗的故事。谢安，东晋时宰相，是诗仙李白的偶像。他的侄女谢道韫，是东晋时著名的女诗人、才女。胡儿，即谢安的侄子谢朗。

说是有一天，谢安兴致颇高，在一个雪天把一家人聚集到一起，要给这些小辈们讲一讲文章的义理。不一会儿，雪下大了，谢安便问这雪像什么，侄子谢朗说像是空中撒盐，侄女谢道韫却说是柳絮凭着风在空中飞舞。

后世人都以为谢道韫说得好，谢朗说得不好。谢道韫还因为这一句而获得了“才女”的美名，人们也把有文学才华的女子称为“咏絮才”。从文学艺术性来考量，谢道韫说得是好，将雪花飞舞比拟成柳絮飞扬，自然比将雪花飞舞想象成空中撒盐来得更艺术。

说到谢安与子侄们论诗，《世说新语》上还有一个非常有名的故事：有一次，谢安趁着子弟们在一起聚会时，问了他们一个问题——《诗经》中哪一句写得最妙？侄子谢玄说是“昔我往矣，杨柳依依；今我来思，雨雪霏霏”。

谢安却说是“讦谟（xū mó）定命，远猷（yóu）辰告”，他认为这一句最具有高雅之人的深远情致。

“讦谟定命，远猷辰告”，这是卫武公自责自勉的话。这两句的意思是说：以伟大的谋略来安定国家的命运，有远大的谋划应当及时宣告。谢安是政治家，有资格也有理由喜欢这样的句子，认为此句最妙，符合高雅之人的取向。不过单就文学艺术性而言，谢玄说得似乎更准确一点，“昔我往矣，杨柳依依；今我来思，雨雪霏霏”，这的确是《诗经》当中难得的绝妙佳句，千古传颂。

天才少年孔融

小时了了，大未必佳

孔文举年十岁，随父到洛。时李元礼有盛名，为司隶校尉。诣门者，皆俊才清称及中表亲戚，乃通。文举至门，谓吏曰："我是李府君亲。"既通，前坐。元礼问曰："君与仆有何亲？"对曰："昔先君仲尼与君先人伯阳有师资之尊，是仆与君奕世为通好也。"元礼及宾客莫不奇之。太中大夫陈韪后至，人以其语语之，韪曰："小时了了，大未必佳。"文举曰："想君小时，必当了了。"韪大踧踖。

诣：前往。

奕世：代代。

踧踖（cù jí）：局促不安的样子。

译文

孔融年方十岁的时候，跟随父亲来到洛阳。当时李膺名气很大，担任司隶校尉一职。上门拜见的人，都是一些才俊、有声誉的人以及自己的亲戚，才会给通报。孔融到了他家门前，告诉看门的小吏说："我是李膺的亲戚。"通报之后，进门坐下来。李膺便问他："您与我有什么亲戚关系？"孔融回答说："从前我的祖先孔子与您的祖先老子有师徒之谊，所以说我与您是世代通好。"李膺及那些

宾客没有不对他的话感到惊奇的。太中大夫陈韪后来才到，有人便把孔融说的话告诉他听，陈韪却说："小的时候很聪明，长大了却未必有才华。"孔融则回应说："我猜想您小时候一定很聪明吧！"陈韪听了，感到非常局促。

敲黑板

这篇小短文选自《世说新语》。

本篇主人公孔文举，即孔融，著名典故"孔融让梨"的主人公就是他。孔融出身名门，家学渊源，是孔子的二十世孙，太山都尉孔宙之子，少年时便具有异于常人的才华，本文所载就是明证。不过可惜的是，这样一位天才少年，后来却因为议论时政，且言辞激烈，最终触怒了曹操，被曹操所杀，终年五十五岁。

李元礼，即李膺，东汉颍川襄城人，太尉李修的孙子，也是名门出身，在当时有盛名，许多士人都喜欢拜在他的门下，名为"登龙门"，有"天下楷模"之称。

本文还有一个人物陈韪，不知名。当时，对于所有宾客皆夸赞孔融很不以为然，认为他不过是一个乳臭未干的孩童，因此故意出言刁难，说："小的时候很聪明，长大了却未必有才华。"孔融不愧为天才少年，竟能巧妙地利用陈韪批评他的话来反驳，说："那您小时候一定很聪明吧！"言外之意是说：您现在一点出息也没有，使得陈韪陷入无比尴尬的境地。

后世人便引用这段故事中的两句话，将"小时了了，大未必佳”引用成了成语，用来说明小时候虽然聪明，长大了却未必能够成才的道理。

其实，若将“未必能够成才”改成“未必能够有好下场”更合适。小时候虽然聪明，长大了却未必能有好下场，因为聪明反被聪明误，孔融就是例子，他自恃聪明，从来不把曹操放在眼里，把调侃、讥讽曹操当成了生活中的趣事，曹操一直怀恨在心；最终让曹操逮到了机会，将他杀了。同样的例子还有聪明绝顶的杨修，因为聪明，也愿意处处展现自己的聪明，结果把曹操给得罪了，最后也落得个被杀的下场。

郦道元与《水经注》

孟门山

河水南径北屈县故城西，西四十里有风山。风山西四十里，河南孟门山，与龙门相对。《山海经》曰："孟门之山，其上多金玉，其下多黄垩涅石。"《淮南子》曰："龙门未辟，吕梁未凿，河出孟门之上，大溢逆流，无有丘陵、高阜灭之，名曰洪水。大禹疏通，谓之孟门。"故《穆天子传》曰："北发孟门九河之磴。"

北屈县：在今山西吉县北。

黄垩：一种黄土。涅石：矾石，色黑。

磴：险峻的山坡。

孟门，即龙门之上口也。实为河之巨阨，兼孟门津之名矣。此石经始禹凿，河中漱广。夹岸崇深，倾崖返捍，巨石临危，若坠复倚。古之人有言，水非石凿，而能入石，信哉！其中水流交冲，素气云浮，往来遥观者，常若雾露沾人，窥深悸魄。其水尚奔浪万寻，悬流千丈，浑洪赑怒，鼓若山腾，浚波颓垒，迄于下口，方知《慎子》"下龙门，流浮竹，非驷马之追也"。

阨：这里指阻塞的地方。

赑怒：形容水势很大。

译文

黄河南面流经北屈县旧城的西面，西面四十里处有一座风山，风山西面四十里处，是河南的孟门山，与龙门相对应。《山海经》上记载："孟门山，山上有许多金玉，山下有许多黄沙土和涅石。"《淮南子》上记载："龙门还没有开辟时，吕梁还没有凿通时，河水从孟门山上流经，慢慢地溢出，再逆流而上，加上周围没有丘陵高坡的阻挡，于是就形成了洪水。大禹疏通河道之后，将它命名为孟门。"所以《穆天子传》上说：北登孟门，是九河中的山。

孟门，即龙门的入口。确实是河中的巨大隘口，又被称作"孟门津"。传说中龙门是大禹所开凿，河道因被黄河冲击而变得非常宽阔。水被山夹成了很长的一段，两边都是悬崖峭壁，高处的巨石靠在悬崖上，好像随时就要掉下来似的。古人曾说："水不是石匠的凿子，却能够进入石头中。"果然是真的！龙门的水流交汇冲击，白色的水汽像云一样飘浮在空中，在远处行走观看的人，好像是被雾气缠绕一样，往云雾的深处望去真有一种动人心魄的感觉。河水激起万重巨浪，宛如千丈瀑布一般；河水水势很大，波浪如崇山峻岭，激流交叠，排山倒海，直奔下游而去。这才知道，慎子乘竹筏下龙门的时候，即便是四匹马拉的车也绝对追不上。

敲黑板

作者郦道元，字善长，北魏著名地理学家，著有《水经注》四十卷。本文即选自《水经注》。

《水经注》是我国古代著名的地理著作，因注《水经》而得名。《水经》是一本记录我国古代河流状况的书籍，但内容非常简略粗糙，总共才一万多字。郦道元自幼跟随父亲勘察河流水纹状况，对山川河流非常感兴趣，便决定为《水经》作注解，将原书中简略的地方说清楚，没有讲的地方补充进去。

《水经注》看似是为《水经》作注解的，实际情况是以《水经》为纲，详细记载了我国古代一千多条大小河流，以及与之相关的历史遗迹、人物故事、神话传说等，是我国古代最全面、最系统的地理著作，对研究我国古代的历史、地理具有极高的参考价值。同时，这本书文笔绚烂，语言清丽，也具有较高的文学价值。

这篇散文讲的是孟门山。首先叙述了孟门山的地理位置及地质情况，继而说明了它的来历，为下文作铺垫。

第二段是文章主体内容，郦道元在这里主要分三层说明。第一层以夹岸山石描写开头，由于千百年的水石相击，终于水击石穿，形成夹岸山石奇特的形状。作者看似写山，其实还是在写水，写出黄河与孟门山相互搏击的壮美景象。第二层着力写白色的水汽像云一样飘在空中，在远处行走的人好像是被雾气缠绕，往云雾的深处望去真有一种撼人心魄的感觉，描写真切生动、形象自然。第三层着重说明波涛汹涌过孟门的气势，水势浩大，恰似愤怒的赑，气魄宏伟。它不仅具有内在的无穷无尽的威力、具有百折不回的韧劲，而且还具有声响之美和形体之美，给人一种雄伟的美感。

古人隐居的乐趣

与顾章书

还觅（mì）薜（bì）萝：意思是说正准备隐居。梅溪：在今天浙江安吉县境内。
幽岫（xiù）：幽深的山洞。
英英：同“嘤嘤”，象声词，形容虫鸟动物的鸣叫。

仆去月谢病，还觅薜萝。梅溪之西，有石门山者，森壁争霞，孤峰限日；幽岫含云，深溪蓄翠；蝉吟鹤唳，水响猿啼，英英相杂，绵绵成韵。既素重幽居，遂葺宇其上。幸富菊花，偏饶竹实。山谷所资，于斯已办。仁智之乐，岂徒语哉！

译文

我上个月因病辞官回乡，正准备寻找可以隐居的地方。恰巧在梅溪的西面，有一座石门山，那里有高耸的峭壁与云霞一争高下，孤立的山峰甚至遮住了太阳；幽深的山洞中云雾缭绕，深谷小溪之中积聚着翠绿的潭水；蝉声低吟、仙鹤鸣唱，流水潺潺、猿猴啼叫，和谐动听的声音相互交织在一起，声调悠长，具有音韵之美。我既然向来推崇隐居，于是就在那山上面建了所房子。幸好那里菊花众多，遍地都是竹子。山谷中隐居所必需的生活品，在这里都已经具备。仁人智士所喜爱的地方，怎么会是虚言呢！

敲黑板

作者吴均，字叔庠，南朝梁时的文学家、史学家，善于写景，文章自成一家，常常描写山水景物，被称为“吴均体”，代表作有《与朱元思书》《与顾章书》《与施从事书》等。

魏晋南北朝时期是中国历史上的大分裂时代，同时也是各民族之间不断融合的时代，朝代之间更迭频繁，政治黑暗，社会动乱，是一个长达几百年的乱世。作者吴均就生活在这样的时代，这当然是不幸的。

好在吴均生活在南朝，比起当时的中原地区似乎要好一些，但同样政治污浊。那些文人士大夫们不再有儒家兼济天下的远大抱负了，他们更愿意选择明哲保身、隐居遁世。的确，儒家思想在这一时期遭受重创，已然不是显学了。当时的佛教和道教出尽了风头，人人争相奉行，难怪后世的杜牧曾发出感叹：“南朝四百八十寺，多少楼台烟雨中”，可见当时佛教的繁盛。

在这样的时代背景下，吴均也选择辞官退隐、遁迹山林。他在文中说：“仆去月谢病，还觅薜萝。”表明自己辞官引退后，决心要陶醉在山水之间。因此，这篇文章并不单纯是写景，而是寓情于景。

从文体上来看，这是一篇标准的六朝骈体文。骈体文，起源于汉末，形成并盛行于南北朝时期，多是四字句和六字句，世称“四六文”，讲求对仗的工整和声律的铿锵。这种文体乍一看不得了，全篇辞藻华美、文采斐然，且对仗工整、气势逼人，读起来朗朗上口，深得当时读书人的喜爱。但细细品味就会发现，这些文章大多没有什么内容，尽是连篇的废话，典型的因词害义。因此，到了中唐时期，一代文豪韩愈终于看不下去了，便发起了著名的古文运动，这才出现了所谓的“唐宋八大家”。

尽管这篇《与顾章书》也是骈体文，但算是非常优秀的骈体文了。这是作者辞官归隐时写给友人顾章的一封信，作者以鲜明而生动的笔墨，描绘了石门山壮丽秀美的自然景色，表达了托病辞官后归隐的志趣。

全文可分为二层。第一层就是第一句。作者以叙事开篇，交代了自己上个月归隐一事。第二层从第二句开始一直到最后。这一层主要描写石门山的景色，表达了作者归隐后自得其乐的情趣。全篇动静结合，以动写静，以动衬静，实属难得一见的美文。

古文的拓荒者

寒亭记

寒亭：位于唐代道州江华县境内，位于今湖南省江华县南。

永泰丙午中，巡属县至江华。县大夫瞿令问咨曰："县南水石相映，望之可爱。相传不可登临。俾求之。得洞穴而入，栈险以通之，始得构茅亭于石上。及亭成也，所以阶槛凭空，下临长江，轩楹云端，上齐绝颠。若旦暮景气，烟靄异色，苍苍石墉，含映水木。欲名斯亭，状类不得，敢请名之，表示来世。"于是休于亭上，为商之曰："今大暑登之，疑天时将寒。炎蒸之地，而清凉可安。不合命之曰'寒亭'欤？"乃为寒亭作记，刻之亭背。

绝颠：最高峰顶。

译文

永泰二年夏天，我视察道州所辖的属县江华县。江华县令瞿县令询问说："在县的南边，河水山峦相映成趣，风景看上去很不错。据说那座山峰无法登上去，我便派人想办法寻找登顶的路径。后来找到了一个洞穴进入，在险峻的地方修筑了栈道用来拾级而上，才得以最终在山峰上建造了一所亭子。等到亭子建成了，才发现台阶和栏杆看上去是悬空而立的，下面紧临着长江水，屋脊和柱子高耸入云，亭的顶端与山峰的最高点几乎在一条线上。若是天气晴朗的话，萦绕在山顶的雾气会呈现出异常美妙的色彩，四周的围墙内外青绿浓郁，亭子处在水光林色的辉映之中。想要给这座亭子取个名字，却又找不到合适的词来形容，因此想请您给亭子取个名字，把筑亭的因由告诉后代人。”于是我登上去在亭子里休息，为了取亭子名的事与瞿县令商量说：“今天你我在大暑时节登山，可亭内却十分凉快，让人怀疑快进入寒冬时节了。原本处于天气炎热的地方，但这里却是一片清凉，难道不应当命名为‘寒亭’吗？”于是我为寒亭作记，刻在了亭子的背面。

敲黑板

作者元结，字次山，河南洛阳人，唐代文学家、诗人，唐代古文运动的先驱者之一。其诗文大部分都能反映政治现实和社会矛盾，文风质朴，清淡简洁，明人辑有《元次山集》。

元结是盛唐时期的人，那时候，古文运动还没有兴起，六朝时期空洞华丽的骈体文依然盛行。但元结显然已经认识到这种文体华而不实，因此，他所写的散文就有意抛弃了骈文的许多特征，不再讲求对仗的工整，不再是满篇都是四六句，而是写心中所思所想，以内容为本，文风质朴简洁，可以说，确实开了唐代古文运动的先河。这篇

《寒亭记》就像极了柳宗元、王安石等唐宋八大家的古文，是一篇很有情趣的游记。

全文着重记事叙述，以对话形式展开，辅之以写景抒情，这对于以诗歌为主的盛唐时期来说，确实是难得一见的美文。

李白的自荐信

上安州裴长史书

白闻天不言而四时行，地不语而百物生。白人焉，非天地也，安得不言而知乎？敢剖心析肝，论举身之事，便当谈笔，以明其心。而粗陈其大纲，一快愤懑，惟君侯察焉。

白本家金陵，世为右姓。遭沮渠蒙逊难，奔流咸秦，因官寓家。少长江汉，五岁诵六甲，十岁观百家。轩辕以来，颇得闻矣。常横经籍书，制作不倦，迄于今三十春矣。以为士生则桑弧蓬矢，射乎四方，故知大丈夫必有四方之志。乃仗剑去国，辞亲远游。南穷苍梧，东涉溟海。见乡人相如大夸云梦之事，云楚有七泽，遂来观焉。而许相公家见招，妻以孙女，便憩于此，至移三霜焉。

曩昔东游维扬，不逾一年，散金三十馀万，有落魄公子，悉皆济之。此则是白之轻财好施也。又昔与蜀中友人吴指南同游于楚，指南死于洞庭之上，白禫服恸哭，若丧天伦。炎月伏尸，泣尽而继之以血。行路间者，悉皆伤心。猛虎前临，坚守不动。遂权殡于湖侧，便之金陵。数年来观，筋骨尚在。白雪泣持刃，躬申洗削。裹骨徒步，负之而趋。寝兴携持，无辍身手。遂丐贷营葬于鄂城之东。故乡路遥，魂魄无主，礼以迁窆，式昭明情。此则是白存交重义也。

又昔与逸人东严子隐于岷山之阳，白巢居数年，不迹城市。养奇禽千计。呼皆就掌取食，了无惊猜。广汉太守闻而异之，诣庐亲睹，因举二以有道，并不起。此白养高忘机，不屈之迹也。

又前礼部尚书苏公出为益州长史，白于路中投刺，待以布衣之礼。因谓群寮曰："此子天才英丽，下笔不休，虽风力未成，且见专车之骨。若广之以学，可以如比肩也"。四海明识，具知此谈。前此郡督马公，朝野豪彦；一见礼，许为奇才。因谓长史李京之曰："诸人之文，犹山无烟霞，春无草树。李白之文，清雄奔放，名章俊语，络绎间起，光明洞澈，句句动人。"此则故交元丹，亲接斯议。若苏、马二公愚人也，复何足尽陈？倘贤贤也，白有可尚。

刺：名刺，名帖，名片。

夫唐虞之际，于斯为盛，有妇人焉，九人而已。是知才难不可多得。白，野人也，颇工于文，惟君侯顾之，无按剑也。伏惟君侯，贵而且贤，鹰扬虎视，齿若编贝，肤如凝脂，昭昭乎若玉山上行，朗然映人也。而高义重诺，名飞天京，四方诸侯，闻风暗许。倚剑慷慨，气干虹霓。月费千金，日宴群客。出跃骏马，入罗红颜。所在之处，宾朋成市。故时节歌曰："宾朋何喧喧！日夜裴公门。愿

唐：尧在位的时代。
虞：舜在位的时代。
斯：指周武王时期。
妇人：指周武王治国十臣中的武王之妻邑姜。

得裴公之一言，不须驱马将华轩。”白不知君侯何以得此声于壤之间，岂不由重诺好贤，谦以得也？而晚节改操，栖情翰林，天才超然，度越作者。屈佐国，时惟清哉。棱威雄雄，下慑群物。

白窃慕高义，已经十年。云山间之，造谒无路。今也运会，得趋未尘，承颜接辞，八九度矣。常欲一雪心迹，崎岖未便。何图谤詈忽生，众口攒毁，将欲投杼下客，震于严威。然自明无辜，何忧悔吝！孔子曰：“畏天命，畏大人，畏圣人之言。”过此三者，鬼神不害。若使事得其实，罪当其身，则将浴兰沐芳，自屏于烹鲜之地，惟君侯死生。不然，投山窜海，转死沟壑。岂能明目张胆，托书自陈耶！昔王东海问犯夜者曰：“何所从来？”答曰：“从师受学，不觉日晚。”王曰：“吾岂可鞭挞宁越以立威名？”想君侯通人，必不尔也。

宁越：战国周臣，文武双全。年少时十分好学。

愿君侯惠以大遇，洞天心颜，终乎前恩，再辱英眄。白必能使精诚动天，长虹贯日，直度易水，不以为寒。若赫然作威，加以大怒，不许门下，遂之长途，白既膝行于前，再拜而去，西入秦海，一观国风，永辞君侯，黄鹄举矣。何王公大人之门，不可以弹长剑乎？

译文

我听人说，上天并不言语，而四季却能不断运行；大地并不言语，而万物却能蓬勃生长。我只是一个人，并非天地，怎么能默默不语而使别人了解呢？在此，我就斗胆说出我的心里活，阐述自己立身处世的观点，就当是谈心论笔，来说明我的内心想法。我粗略地说一个大概，一发心中的烦闷为快，还希望君侯能够明察。

我本家住在金陵，属于地位较高的世家。后来遭到外敌的侵扰，以致流落到了秦地，长辈因官场矛盾而寓居在家中。我少年时代生长于蜀中，五岁时即背诵天干地支，十岁时读诸子百家文章。自黄帝以来的事情了解很多。家中经常放着书籍，不知疲倦地写诗作文，至今已有三十年了。我认为作为一个有志男儿，定当用桑弧蓬知之类的精良弓箭，敢射天地四方，所以知道大丈夫必有辅佐帝王治理天下的伟大志向。于是仗剑而行，离别故土，辞别亲人，远游他乡。足迹所到之处，南至湖南宁远，东到海滨。想到同乡人司马相如在《子虚赋》中大赞云梦之事，于是便来到楚地游览。不想却被原宰相许圉师招上门，将他的孙女许配给我，我便就此安家，一住就是三年光景。

往昔我曾东游扬州，在不到一年的时间里，竟花掉资金三十多万,一遇到落魄潦倒的读书人，我都全力接济他们。这就是我慷慨解囊、乐善好施的具体表现。再者，我曾经与蜀中友人吴指南在楚地同游，指南不幸死在洞庭湖边，我身穿素白丧服痛哭流涕，如同失去了至亲。当时正值炎热的夏天，我趴在尸体旁伤痛欲绝，眼泪都流干了。周围行走的路人听到，都感到十分伤心。当时即便是猛虎前来，我仍然坚守不动。我将吴指南暂时葬在洞庭湖边上，才前往金陵游历。几年之后再来看，吴指南的筋骨还在，我拭泪持刀，怀着诚敬之心，亲自洗削尸骨，将它包好，背着它徒步前行。我白天赶路，晚上睡觉，都从不离身。最终，靠举债将他安葬在武昌城的东面。故乡路途遥远，指南又无亲人，我只好以礼将他迁葬，以显示朋友间的深情。这就是我重情重义的又一具体表现。

我还曾经与隐士东严子隐居在岷山的南边，过着简朴的山野生活，几年都未曾踏入城市。在岷山，我们饲养了数以千计的奇禽珍鸟。一呼就来，在手掌上啄食，一点也不害怕。广汉太守听说了这件事，觉得很惊奇，曾亲自到舍下拜访，并推荐我们二人参加有道科的考试，但我们都谢绝不去。这就表现出我不屈于权贵的高贵品德。

前任礼部尚书苏颋为益州长史时，我曾经在路上投名帖拜见，苏颋以礼相待。对他的属下称赞道："这位书生，才华横溢，纵笔挥洒，虽然风骨未能定型，但文章气象宏大。倘若再深造深造，可与司马相如比肩。"天下那些有卓识远见的人，都知道这一评价。此郡前任都督马正会，乃是朝廷和地方上的英豪，初次相见，就对我以礼相待，赞许我是当世奇才。所以对长史李京之说："他人的文章就像山无烟霞，春无草树，索然寡味。而李白的文章，清新雄奇，气势奔放，名篇佳句，接连不断，简明畅达，句句动人。"这是我的老朋友元丹丘亲耳听到的评价。假如苏颋、马正会二人是愚人的话，又有什么值得向您陈述呢？倘若是推敬贤人的人，我就有可崇尚的地方。

在尧舜时代，贤才最多，周武王的治国十人之中，除了邑姜，此外只有九个人罢了。由此可知，人才难得。我李白乃是一个村野布衣，但却精通诗歌文章，希望君侯您明察，不要轻意呵叱。君侯您尊贵且贤能，威武雄壮，牙齿宛若编排整齐的贝壳，皮肤就像凝结的油脂一般透亮，容貌出众，光彩照人。并且，高义重诺的美名传遍京城，各个地方长官无不私下交口称赞。仗剑慷慨，气贯长虹。每月不惜耗资千金，日日宴请众多宾客。出门骑着骏马，回家美女环绕左右。所在之处，宾客众多，喧闹如市。因此人们歌颂您道："宾客多热闹，日夜裴公门。愿得裴公一句话，不须驱马当乘车。"我实在不知道您为何名声如此之大，难道不正是由于您重诺好贤和谦虚得来的吗？到了暮年改变情志，寄情于文章翰墨，天才高远，超越一般写文之人。您屈居安州都督的辅佐，却能政事清明。威风凛凛，为人所畏服。

我私下仰慕长史您崇高的节义，已经有十年之久了。只因为山水阻隔，无从登门拜会而已。如今幸得良机，得以跟随奔走，会面接谈，已有八九次之多。常常想表白心中所想之事，但因遇到阻碍未能如愿。岂料诽谤之言忽然传开，众人交口毁谤。但恐诬陷不实之词也使您因而逐客。然而我自知无罪，为何忧虑悔恨呢！孔子说："敬畏天所赋予的正理，敬畏有德行的大人，敬畏圣人所说的话。"除此三者，鬼神也不可怕。假如所言属实，罪有应得，则将芳草沐浴，自己甘愿退居受刑之地，生死由您处置。若非如此，则逃窜山林海边，辗转死于沟壑之中，怎么敢明目张胆地上书陈述呢？昔日王东海问过了宵禁时间的人："从哪里来？"答道："向老师求教，不知不觉中时间已晚。"王东海说："我难道可以鞭挞宁越这样的人用来树立自己的威名吗？"想来您是博古通今之人，必不如此。

愿您待我以极大的礼遇，宽大为怀，在以前对我厚爱的基础上，再次器重我。我必定用一颗真诚之心让苍天感动，长虹穿日而过，可效仿荆轲直接渡过易水，心中也不觉得寒冷。倘若您并不谅解，且赫然大怒，不准在下入门，把我驱逐到遥远的地方去，我必将膝行门前，再拜而去，往西前往长安，一览朝廷景象，与您永别，黄鹄振翅高飞。哪个王公大人之门，我不可以转投呢？

敲黑板

作者李白，字太白，号青莲居士，幼时随父亲迁居四川江油，唐代最伟大的浪漫主义诗人，被后人誉为"诗仙"，与杜甫并称为"李杜"，代表作品有《蜀道难》《将进酒》《望庐山瀑布》《早发白帝城》等。

李白一生都在渴望建功立业，生性浪漫，四处游走，结交了无数朋友，时不时也会拜谒权贵，希望得到他们的引荐。因此，李白走遍了祖国的名山大川，大半辈子都在漫游中度过。

天宝元年，即公元742年，李白四十一岁，因贺知章、玉真公主的推荐，终于被召至长安，供奉翰林。但所谓的“建功立业”，就是写写诗让玄宗皇帝开开心，显然与李白心中的远大抱负相去甚远，李白不高兴了，干了三年就弃官而去，仍然过着他那飘荡四方的流浪生活。

这篇《上安州裴长史书》，当作于天宝十三年，即公元753年，尽管李白当时已经五十二岁了，仍旧不改初心，想着一展胸中抱负，于是便写信给安州的裴长史，希望能够得到他的重用，并对当时社会上对他的诽谤予以澄清。

在这篇文章中，李白详细记叙了自己的过往，吹嘘自己自幼聪颖，博学多才，有远大的志向；再说自己仗义疏财，重情重义，为好友两肋插刀；接着又写自己仰慕高洁，不慕权贵，修养品格，又借他人之口，说自己写的文章多么惊天动地；最后，李白终究不能免俗，拍马屁说裴长史地位高贵，英俊潇洒，才华横溢，希望他能够提携自己。

但李白终究是李白，即便写这种向权贵推荐自己的书信，也免不了张扬自己独特的个性，有求于别人的李白，竟在信的最后这样说：“若赫然作威，加以大怒，不许门下，遂之长途，白既膝行于前，再拜而去，西入秦海，一观国风，永辞君侯，黄鹄举矣。何王公大人之门，不可以弹长剑乎？”倘若您并不谅解，且赫然大怒，不准在下入门，把我驱逐到遥远的地方去，我必将膝行门前，再拜而离去，往西前往长安，一览朝廷景象，与您永别，黄鹄振翅高飞。哪个王公大人之门，我不可以转投呢？这几句写得不卑不亢，这当然是那些官僚门所不喜欢的，但却充分显露出李白作为一代诗仙的英风豪气，表现出李白放荡不羁傲岸自负的个性特征。

在文章写法上，本文以荐贤、用贤为中心，从天地万物起笔，居高临下，势如破竹，有叙述有议论，生动形象，有理有据，完美塑造出了一位才情横溢，轻财重义，气宇不凡的诗人形象。我们现在读起来，依然可以从字里行间感受到诗人那颗渴望建功立业的火热的心。

王维的邀请

山中与裴秀才迪书

近腊月下，景气和畅，故山殊可过。足下方温经，猥不敢相烦，辄便往山中，憩感配寺，与山僧饭讫而去。

猥：不合时宜地。

辄（zhé）便：就。

北涉玄灞，清月映郭。夜登华子岗，辋水沦涟，与月上下。寒山远火，明灭林外。深巷寒犬，吠声如豹。村墟夜舂，复与疏钟相间。此时独坐，僮仆静默，多思曩昔，携手赋诗，步仄径，临清流也。

曩（nǎng）：从前。

当待春中，草木蔓发，春山可望，轻鲦出水，白鸥矫翼，露湿青皋，麦陇朝雊，斯之不远，倘能从我游乎？非子天机清妙者，岂能以此不急之务相邀？然是中有深趣矣！无忽。因驮黄檗人往，不一。山中人王维白。

雊：野鸡鸣叫。

黄檗：一种落叶乔木。

译文

时近农历十二月的末尾，天气温和舒畅，旧居蓝田山一带非常值得一游。您正在温习经书文章，仓促中不敢打扰，便自行来到山中，在感配寺休息，与山中僧侣一起吃过饭，便离开了。

我向北而去，渡过深青色的灞水，清朗的月色映照着城郭。在夜色中我登上华子冈，见辋水泛起一层层涟漪，水中的月影也跟着水波一起或上或下。那寒山中远远的灯火忽明忽暗，在林外看得分外清楚。深巷之中传来一阵阵狗叫，其叫声如同豹子叫一般。村庄里传来在夜间舂米的声音，又与那稀疏的钟声相互交错。这时候，我独自坐在那里，相随的仆人已经入睡，想着昔日与你一起携手吟诗作赋，一起漫步在狭窄的小路上，临近那清澈的溪流的情景。

等到春天来临，草木蔓延生长，春天的山景更加值得观赏了，轻巧的鲦鱼跃出水面，白色的鸥鸟张开翅膀，清晨的露水打湿了青草地，麦田里雉鸡在清晨鸣叫，这些景象很快就会到来，您能和我一起游赏吗？若不是您天性超尘脱俗的话，我怎么会正式邀请您来游山玩水呢？这当中确实有很深的趣味啊！不要忽略错过。因有驮运黄檗的人出山，托他带给你这封信，就不一一详述了。山中人王维书。

敲黑板

这篇短文的作者王维，字摩诘，乃盛唐时期的大诗人，与孟浩然并称，二人都是唐代山水田园诗派的代表人物。其作品众多，如《鹿砦》《送元二使安西》《鸟鸣涧》《九月九日忆山东兄弟》等，五言诗写得更是出神入化，有唐一代，无人出其右，可以说是开一代诗风。不仅如此，王维对于绘画、书法和音律也有很深的造诣，算得上是唐代历史上难得的全才。其一生钟爱佛学，喜好参禅悟道，故后世人称他为“诗佛”。

王维很幸运，生于盛唐时期，年纪轻轻就考取了进士。可谁知没过几年，他就对做官渐渐失去了兴趣，对隐居与修佛倒是兴趣越来越浓厚。他在长安附近的山上建了所房子，这就是著名的辋川别墅，周围草木掩映，古寺众多，不远处还有流淌的河流、村居、麦田和那飞翔的白鸥，一派美妙的山间田园风光。面对如此美景，王维想独自一人欣赏吗？不，他不想，便有意邀请他的好友裴迪一起，于是他给裴迪写下了这一封信。因这封信写得实在太好，也就成了唐代散文的名作。

短文第一段简单叙事。第二段开始写景，写岁末寒冬的山间景致：深绿色的灞水、清朗的月色，辋水在月光下泛起涟漪，还有那寒山远火、深巷犬吠，夜舂声和山寺的钟声一并传来。本是极平常的一幅山居图，但到了王维的笔下，却显得意境幽远，充满了各色生趣，总之美不胜收，目的当然是要引起裴迪观赏的兴趣。第三段便是正式邀请。他用想象中的无限春光来打动裴迪：草木染绿春山，鲦鱼在水中游动，白鸥掠空飞翔，露水打湿草地，野雉清晨鸣叫。后世人都推崇王维“诗中有画”，其实王维的文章中也是有画的。在这篇不长的文章中，王维就为我们描绘了两幅绝美的画卷，一幅是寒冬时节的山间夜色，一幅是春来花开时的山中景致。

忧国忧民的杜甫

石壕吏

石壕村：现名干壕村，在今河南陕县东七十里。

暮投石壕村，有吏夜捉人。老翁逾墙走，老妇出门看。
吏呼一何怒，妇啼一何苦。听妇前致词，三男邺城戍。
一男附书至，二男新战死。存者且偷生，死者长已矣。
室中更无人，惟有乳下孙。有孙母未去，出入无完裙。
老妪力虽衰，请从吏夜归。急应河阳役，犹得备晨炊。
夜久语声绝，如闻泣幽咽。天明登前途，独与老翁别。

译文

日暮时分我投宿在石壕村，有差役夜里来强行征兵。老翁闻声翻墙逃跑，老妇开门应付。差役吼叫得是多么愤怒，老妇人啼哭得是多么悲伤可怜。听那老妇上前说道："我的三个儿子都去守邺城了。其中一个儿子捎信回来，说另外两个儿子刚刚战死了。活着的人姑且活一天算一天，死去的人就永远不会复生了。家中再也没有其他男人了，只有个正在吃奶的小孙子。因为有小孙子在，他母亲还没有离去，可进进出出连一件完整的衣服都没有。老妇人我虽然年老体弱，但请允许我跟随你们连夜赶回营地。赶快到河阳去服役，还来得及为军队准备早饭。”夜已经很深了，说话的声音渐渐消失，隐隐约约听到时断时续的哭泣声。天亮后我还要继续赶路，只能与返回家中的那个老翁告别。

敲黑板

这首诗的作者杜甫，字子美，自号“少陵野老”，唐代最伟大的现实主义诗人，与诗仙李白齐名，合称“大李杜”，也是后世人人敬仰的一代诗圣。同时，他的诗被称为“诗史”，原因在于他创作了一千多首诗歌，全方位再现了唐代由盛转衰的历史过程，真实记录了大唐社会面貌的巨大变迁，这是其他诗人的作品所不具备的，如著名的“三吏三别”，《石壕吏》便是其中之一。

唐玄宗天宝十四年（公元755年），为期八年的“安史之乱”爆发，这场动乱使得开元盛世的宏大景象顷刻间灰飞烟灭，也使得文人万分景仰的盛唐气象不复存在，有的只是“朱门酒肉臭，路有冻死骨”。在这样的历史背景下，诗人杜甫也开始了自己长期颠沛流离的困苦生活，正如其诗《春望》所云：

国破山河在，城春草木深。
感时花溅泪，恨别鸟惊心。
烽火连三月，家书抵万金。

白头搔更短，浑欲不胜簪。

这是一个读书人的伤痛，更是一位忧国忧民之人的无限伤感。

唐肃宗乾元二年（公元759年）春，杜甫由左拾遗被贬为华州司功参军。他离开东都洛阳，历经新安、石壕、潼关，披星戴月，风尘仆仆，赶往华州上任。只见这一路上哀鸿遍野，百姓流离失所。对于目睹过开元盛世的诗人来说，不过几年时间，已是山河破碎，反差如此之大，诗人的内心悲痛不已。就在诗人由新安县西行途中，投宿石壕村，遇到官吏深夜捉人，于是就其所见所闻，写成了这篇不朽的诗作。

我们有理由相信，诗人在写这篇诗作时，没有任何虚构和捏造的成分，完全是真实记录了当时的情形：老翁听闻官吏来抓壮丁便立马翻墙逃跑，只因为担心一去便回不来了。老翁的三个儿子都去戍守邺城，其中两个刚刚战死。死去的人将永不复生，活着的人也在苟延残喘，老百姓都过着食不果腹、衣不遮体的苦难生活。正因为如此，无数人才感慨道：宁做太平犬，不做乱世人。

这就是唐代历史上最血腥、最残酷的“安史之乱”，杜甫以他沉痛的笔法，为我们展现了这一幕凄惨的历史画面。

韩愈发的牢骚

马说

世有伯乐，然后有千里马。千里马常有，而伯乐不常有。故虽有名马，祇辱于奴隶人之手，骈死于槽枥之间，不以千里称也。

马之千里者，一食或尽粟一石。食马者不知其能千里而食也。是马也，虽有千里之能，食不饱，力不足，才美不外见，且欲与常马等不可得，安求其能千里也？

策之不以其道，食之不能尽其材，鸣之而不能通其意，执策而临之，曰：“天下无马！”呜呼！其真无马邪？其真不知马也！

伯乐：春秋时期秦穆公时人，本名孙阳，擅长相马，现指能够发现人才的人。

祇：只是。

食（sì）：通“饲”，喂养。

译文

世上有了伯乐，然后才会有千里马。千里马经常有，可是伯乐却不会经常出现。因此即使有千里马，也只能在仆役的手中受屈辱罢了，和那些普通的马一起死在马厩里，不能以千里马来著称。

一匹日行千里的马，有时一顿能吃尽一石粮食。而那些饲养马的人却不懂得它有能日行千里的能力，而像喂养普通的马一样来喂养它。这样的马，即使有日行千里的能力，却吃不饱、力气不足，它的才能和长处不能表现出来，想要和普通的马一样的待遇尚且得不到，又怎么能要求它日行千里呢？

驱使千里马却不按照正确的方法，喂养千里马又不能使它充分发挥自己的才能，听千里马嘶鸣又不能理解它的意思。只知道拿着鞭子走到千里马跟前说："天下没有千里马！"唉！难道天下果真没有千里马吗？恐怕是他们真的不能识别千里马吧！

敲黑板

作者韩愈，字退之，世称韩昌黎，唐代伟大的文学家、思想家、诗人，一代儒学大师，唐宋八大家之首，与柳宗元并称为"韩柳"，著有《韩昌黎集》。

这篇文章写于贞元十一年至十六年之间，当时，韩愈初入官场，很想有一番大作为。可惜的是，由于官小权小，根本发挥不出来。因此，很有抱负的韩愈便三次上书宰相，请求他重用自己，结果可想而知，没有成功。尽管如此，韩愈并没有气馁，仍然怀有兼济天下之心，表示自己不会像其他文人一样就此隐退山林。但心情郁闷是必然的，所以写下了这篇文章，以表达朝廷对人才的不重视以及自己的不满。

《马说》是一篇说理文。文中先表明自己的观点：世上有了伯乐，然后才会有千里马。千里马经常有，可是伯乐却不会经常出现，自己好比是一匹千里马，可惜的是没有伯乐相中自己。因此，即便有千里马，也只能在仆役的手中受屈辱罢了，和那些普通的马一起死在马厩里，不能发挥作用。紧接着，作者进一步阐释：一匹千里马，有时一顿能吃尽一石粮食，而饲养马的人却不懂得这些。这样一来，又怎么能要求它日行千里呢？最后，韩愈讽刺道：难道天下果真没有千里马吗？恐怕是他们真的不能识别千里马吧！

这是典型的怀才不遇的心理。当然，韩愈是有这个资格的，因为他就是一匹千里马。作为一名官员，他也是合格而有作为的，曾经独闯叛军军营，以一己之力劝退了几万大军。

其实，韩愈不仅是千里马，还有伯乐之才。在中唐时期，李白和杜甫早已去世，盛唐气象不复存在，大历十才子们曾经使尽浑身气力，也没能接过唐诗的衣钵。但是，韩愈凭借一己之力发掘并提携了李贺、贾岛、孟郊等中唐大诗人，为唐诗的持续发展做出了伟大的贡献。

古代文人的情操

陋室铭

铭：古代刻在器物上用来警诫自己或称述功德的文字，叫“铭”，后来成为一种文体。

山不在高，有仙则名。水不在深，有龙则灵。斯是陋室，惟吾德馨。苔痕上阶绿，草色入帘青。谈笑有鸿儒，往来无白丁。可以调素琴，阅金经。无丝竹之乱耳，无案牍之劳形。南阳诸葛庐，西蜀子云亭。孔子云：何陋之有？

译文

山不在于有多高，有了神仙居住就会享有盛名；水不在于有多深，有了蛟龙潜藏就会有灵气。这虽是一间简陋的小屋，只因我品德好也就不感到简陋了。苔痕一片翠绿，布满石阶；草色一片青葱，映入帘里。到这里谈笑的人都是饱学之士，与我来往的没有一个是浅薄无识之人。可以弹奏未加彩饰的琴，可以阅读珍贵的经典文章。没有嘈杂喧闹的奏乐声，没有批阅公文案卷的劳苦。南阳有诸葛亮的草庐，西蜀有扬雄的亭子。正如孔子所说：这有什么简陋的呢？

敲黑板

作者刘禹锡，字梦得，曾做过太子宾客，世称刘宾客，唐代著名文学家、诗人，因性情乐观豪放，有“诗豪”之称。

关于这篇《陋室铭》的作者究竟是谁，自宋代以来，不断有学者提出异议，至今仍然没有定论。

在唐代，无论是在刘禹锡自己编的诗文集中，还是别人给他编的集子里，都找不到这篇《陋室铭》，而最早说《陋室铭》是刘禹锡所写的，则是在宋人所编的《古文集成》一书中。此后，后世人都认为这是刘禹锡所写的了。

北宋释智圆在《闲居编》中就说：人们口口相传《陋室铭》是刘禹锡所写，实在是荒谬啊。也有学者认为，《陋室铭》的作者应该是唐代崔沔。根据《新唐书·崔沔传》中记载：崔沔勤俭节约，个人的官俸都会分发给同族之人，也不置买房屋住所，曾经写了一篇《陋室铭》来抒发自己的志向。但《历阳典录》中又说是刘禹锡所写。

关于这个话题，我们暂且不论，即便不是刘禹锡所写，也丝毫不影响他在文坛的地位，因为他所写的诗随便拿出一首来都足以令他名垂千古，比如“沉舟侧畔千帆过，病树前头万木春”“东边日出西边雨，道是无晴却有晴”“旧时王谢堂前燕，飞入寻常百姓家”“千淘万浪虽辛苦，吹尽黄沙始到金”等。

关于这篇短文，它是一篇典型的托物言志的铭文，表达出作者不与世俗同流合污的生活态度，且洁身自好、不慕名利。这些都是古代知识分子的美好追求。

文章巧妙地运用了多种艺术手法，如比兴手法；同时聚叙述、描写、抒情、议论融为一体。在语言表达上，多用四字句、五字句，有对偶句、排比句，只有最后一句是散文句式，句式整齐而又富于变化，文字精练清丽，音调和谐。

柳宗元在永州

钴鉧潭记

钴鉧潭在西山西。其始盖冉水自南奔注，抵山石，屈折东流；其颠委势峻，荡击益暴，啮其涯，故旁广而中深，毕至石乃止。流沫成轮，然后徐行，其清而平者且十亩余，有树环焉，有泉悬焉。

钴鉧（gǔ mǔ）潭：形状像熨斗的水潭；钴鉧，熨斗，也有人认为钴鉧是釜锅。颠委：首尾，在这里指上游和下游。

其上有居者，以予之亟游也，一旦款门来告曰：“不胜官租、私券之委积，既芟山而更居，愿以潭上田贸财以缓祸。”

亟：经常。

予乐而如其言。则崇其台，延其槛，行其泉，于高者而坠之潭，有声潨然。尤与中秋观月为宜，于以见天之高，气之迥。孰使予乐居夷而忘故土者？非兹潭也欤？

潨（cóng）然：水声淙淙的样子。

译文

钴鉧潭，位于西山的西面。它的源头大概是冉溪自南向北奔流如注，遇到山石的阻隔，曲折向东流去而形成的；潭水的上游和下游落差很大，导致水流湍急，撞击更加激荡，侵蚀着钴鉧潭的岸边，潭边广阔而中间水深，水流冲击到山石方才停止。水流形成车轮般的漩涡，然后才缓缓地流淌。潭水清澈而平缓，面积有十亩以上，四周有绿树环绕，有细小的瀑布垂悬而下。

山的上面有人居住，因为我多次来这里游玩，有一天早晨，他敲门来告诉我："我实在承受不住越欠越多的田租和私债，想换个地方居住，并且会在山上锄草开荒，我愿意将钴鉧潭上的田卖掉，换取一些钱，用来缓解一下债务。"

我很高兴地答应了他，买了他的田。我借此机会加高了潭边的台沿，加长了那里的栏杆，疏导高处的泉水使其坠落到潭中，发出了悦耳的声响。尤其到了中秋赏月时更为合适，在这里可以看见天空的高远，感受到空气的清爽自然。是什么让我乐于住在他处而忘掉故土的呢？难道不是因为这钴鉧潭吗？

敲黑板

作者柳宗元，字子厚，河东（现山西运城一带）人，世称"柳河东"，唐代著名诗人、文学家、思想家，唐宋八大家之一，与韩愈共同倡导唐代古文运动，并称"韩柳"，与诗人刘禹锡并称为"刘柳"。在诗坛上，他又与王维、孟浩然、韦应物并称为"王孟韦柳"，都属于山水田园派诗人，代表作有《黔之驴》《捕蛇者说》《永州八记》及绝句《江雪》等。此文便是《永州八记》之一。

柳宗元出身世家大族，但到了他父亲这辈，曾经显赫无比的河东柳氏慢慢没落，他的父亲也只是做了个芝麻小官，好在柳宗元特别争气，年仅二十便高中进士，一时间名声大振。

唐贞元二十一年，即公元805年，德宗皇帝驾崩，太子李诵即位，是为唐顺宗，改年号为永贞。顺宗即位后，重用王伾、王叔文二人，围绕在“二王”身边的还有柳宗元、刘禹锡等八人，他们政见相同。王叔文等掌管朝政后，采取了一系列改革措施，史称“永贞革新”。但可惜的是，这场革新运动不到二百天便宣告失败，唐顺宗退位，王叔文被赐死，广陵郡王李纯即位，是为唐宪宗。柳宗元和刘禹锡等人作为王叔文革新运动的积极参与者，下场可想而知。唐宪宗元和元年，即公元806年，柳宗元被贬为永州司马，大诗人刘禹锡被贬为朗州司马。

到永州后不久，柳宗元的母亲病故，他自己也不断受到统治者的诽谤和攻击，心情抑郁。三年后，柳宗元守孝期满，又来到了永州。柳宗元不同于刘禹锡，刘禹锡天性乐观、性格开朗，柳宗元经此打击之后，则几乎一蹶不振，加上司马只是一个小官，并无实权，因此，郁闷忧愁的柳宗元只得寄情于永州的山山水水。

永州位于今天的湖南境内，山水幽奇雄险，许多地方还鲜为人知。柳宗元在长达十年的戴罪期间，四处游览，以求得到精神上的慰藉，这就是著名的《永州八记》的由来。这篇《钴鉧潭记》写于唐宪宗元和四年，即公元

809年。

《钴鉧潭记》以“钴鉧潭在西山西”开头，重点写潭。第一段写潭及周围的形状，潭边广阔，中间水深，水流冲击到山石方才停止。潭水清澈而平缓，四周则有绿树环绕，有细小的瀑布垂悬而下；第二段写得到钴鉧潭的经过；第三段写潭上景物因人工改造而显得更加优美宜人，最后写到作者柳宗元的所思所想，余味无穷。

白居易与元稹

与元微之书

四月十日夜，乐天白：

微之微之！不见足下面已三年矣，不得足下书欲二年矣，人生几何，离阔如此？况以胶漆之心，置于胡越之身，进不得相合，退不能相忘，牵挛乖隔，各欲白首。微之微之，如何如何！天实为之，谓之奈何！

胡越：胡在北边，越在南边，形容相距遥远。

牵挛乖隔：指各有拘束牵挂，不得相见。

仆初到浔阳时，有熊孺登来，得足下前年病甚时一札，上报疾状，次叙病心，终论平生交分。且云：危惙之际，不暇及他，唯收数帙文章，封题其上曰："他日送达白二十二郎，便请以代书。"悲哉！微之于我也，其若是乎！又睹所寄闻仆左降诗云："残灯无焰影幢幢，此夕闻君谪九江。垂死病中惊坐起，暗风吹雨入寒窗。"此句他人尚不可闻，况仆心哉！至今每吟，犹恻恻耳。

危惙（chuò）：指病危。

且置是事，略叙近怀。仆自到九江，已涉三载。形骸且健，方寸甚安。下至家人，幸皆无恙。长兄去夏自徐州至，又有诸院孤小弟妹六七人提挈同来。顷所牵念者，今悉置在目前，得同寒暖饥饱，此一泰也。江州风候稍凉，地少瘴疠。乃至蛇虺蚊蚋，虽有，甚稀。湓鱼颇肥，江酒极美。其余食物，多类北地。仆门内之口虽不少，司马之俸虽不多，量入俭用，亦可自给。身衣口食，且免求人，此二泰也。仆去年秋始游庐山，到东西二林间香炉峰下，见云水泉石，胜绝第一，爱不能舍。因置草堂，前有乔松十数株，修竹千余竿。青萝为墙援，白石为桥道，流水周于舍下，飞泉落于檐间，红榴白莲，罗生池砌。大抵若是，不能殚记。每一独往，动弥旬日。平生所好者，尽在其中。不唯忘归，可以终老。此三泰也。计足下久不得仆书，必加忧望，今故录三泰以先奉报，其余事况，条写如后云云。

微之微之！作此书夜，正在草堂中山窗下，信手把笔，随意乱书。封题之时，不觉欲曙。举头但见山僧一两人，或坐或睡。又闻山猿谷鸟，哀鸣啾啾。平生故人，去我万里，瞥然尘念，此际暂生。余习所牵，便成三韵云："忆昔封书与君夜，金銮殿后欲明天。今夜封书在何处？庐山庵里晓灯前。笼鸟槛猿俱未死，人间相见是何年！"微之微之！此夕我心，君知之乎？乐天顿首。

瞥（piē）然：形容时间短暂。

译文

四月十日夜晚，乐天告白：

元微之啊元微之！不见您的面已是三年了，没有收到您的书信也快两年了，人生有多少时日，我与您竟如此长久地离别？何况把胶和漆一样紧密相连的两颗心，分别放置在南北相隔的两个人身上，上前一步不能相互在一起，后退一步又不能彼此忘记，都有拘束牵挂，彼此分离，各自的头发都要白了。元微之啊元微之，怎么办呢怎么办呢！天意确实造成了这种状况，对此怎么办呢！

我刚到浔阳的时候，熊孺登来访，收到您前年病重时写的一封短信，信上首先说了您的病情，其次叙述了您生病时的心情，最后谈到了我们多年的友谊情分。信上还说：病危的时候，没有闲暇顾及其他事，只收集了几篇文章，将它封好后，在上面题字说："日后送交白居易，就请用它来代替我的信吧！"悲伤啊，元微之对待我，他的心就像这样啊！又看到听说我被贬而寄来的诗，诗中写道："残灯将尽，火焰将灭，人影摇摇晃晃，这个晚上听说您被贬到九江。将近死亡的我，在病中惊恐地坐起来，夜晚的冷风吹着雨水进入寒窗。"这样的诗句他人尚且不忍心听到，何况是我呢！至今每次吟诵起来，还是悲伤不已啊。

暂且放下这件事不谈，大致来叙述一下我近来的心境。我自从到了九江，已经过了三年了。身体还算健康，心情很平静。至于说到家人，庆幸都没有什么毛病。去年夏天，我的兄长从徐州来到这里，还有各房弱小无依的弟妹六七人互相扶持着一同前来。不久前还牵挂着的家人，如今都出现在我眼前了，能够得以同他们一起面对寒暖饥饱，这是第一件令我安适的事情。江州的天气渐渐凉爽了，当地很少有恶性传染病。至于毒蛇、蚊虫等，虽然也有，但是很少。浔江的鱼很是鲜美，江州的酒口感也极为醇美。其他食物，大多跟北方很相似。我家中的人丁不少，司马这个官职的俸禄虽然不多，只要衡量好自己的收入，节约生活用度，也是可以自给自足的。身上穿的衣服，口中吃的食物，还不必求助于他人，这是第二件令我安适的事情。去年秋天，我开始游览庐山，到了东林寺、西林寺之间的香炉峰下，看见云雾、流水、清泉、怪石，实在是天下第一绝妙之处，喜爱得不忍心离去。于是我便在上面建造了一座草堂，草堂的前面有十几株高大的松树，一千多根修长的竹子。青色的藤萝点缀着篱笆墙，洁白的石块铺满了桥面，潺潺的流水环绕在草堂的四周，灵动的飞泉洒落在屋檐之间，红色的石榴，白色的莲花，生长在石阶下边的池水中。大致上就是这样，不能详尽记述。每次我独自一人前往，常常一住就是整整十天。我一生所爱好的东西，全在这里了。不仅是忘了回家而已，简直可以在此度过一生。这是第三件令我安适的事情。想到您很久没有收到我的书信了，一定更加挂念，因此现在记下这三件令我安适的事情先作呈报，其余的事情，以后我再一条一条地写给您吧。

元微之啊元微之！写这封信的夜晚，我正坐在草堂中对着山的窗子下面，随手拿着笔，随意胡乱地写。写好信封的时候，不知不觉天快亮了。抬头往窗外一看，只见有几个山寺的僧人，有的坐着，有的睡着了。又听到山中的猿猴和山谷里的鸟发出啾啾的鸣叫声。平生老友，离我万里之遥，一时间尘世的思念之情，此刻突然产生了。作诗的习惯牵动着我，让我写成了三韵的六句诗，诗云：“回忆从前给您写信的夜晚，是在考中进士之后的某一日天亮之前。今夜给您写信我又身在哪里呢？在庐山草屋拂晓的灯前。笼中的鸟雀、栏里的猿猴都没有死去，人世间你我再次相见是在哪一年呢！”元微之啊元微之！今夜我的心情您能知道吗？乐天叩首。

敲黑板

作者白居易，字乐天，号香山居士，中唐时期最伟大的诗人，有“诗魔”和“诗王”之称，与诗人元稹并称为“元白”，与诗人刘禹锡并称为“刘白”，代表诗歌有《长恨歌》《琵琶行》等，有《白氏长庆集》传世。

关于这封信的历史背景，我们还得从头说起。

在古代文学史上，伟大的文学家之间的深厚友谊往往被称为千古佳话，如李白与杜甫、白居易与元稹。

关于白居易与元稹之间的友谊，要追溯到唐德宗贞元十七年，当时，白居易三十一岁，在诗坛已经小有名气，元稹年仅二十三岁，名气不大。他们是在一场诗会上认识的，白居易一眼就觉得元稹不是池中之物，将来必定有大成就，便与他惺惺相惜。第二年，他们两人一同参加了吏部的考试，都被朝廷授予秘书省校书郎一职，从此二人便成为至死不渝的好友。

元和十年正月，即公元 815 年，白居易与元稹久别重逢，两人经常在一起喝酒聊天、吟诗作赋。不久，元稹因上书直言，触怒了朝廷的宦官，被贬为通州司马。通州，即今天的四川达州。同年八月，白居易也遭贬黜了。当时，宰相武元衡被当街刺死，白居易立马上书皇帝，要求彻查此事。可朝廷里那些权臣认为白居易作为左赞善大夫，无权过问此事。宪宗皇帝听信了谗言，竟将白居易贬为江州司马。江州，即今天的江西九江。

远在通州的元稹听说好友被贬，忧心不已，在一个风雨交加的夜晚，他于病中写下一首诗，这就是本文中提到的《闻乐天授江州司马》：

残灯无焰影幢幢，此夕闻君谪九江。
垂死病中惊坐起，暗风吹雨入寒窗。

元和十二年，即公元817年，白居易在江州司马任上已经整整两年，不见元稹也快三年了。此次被贬江州，对于一个才华横溢且有着远大抱负之人来说，无疑是一次沉重的打击。两年来，白居易经常跑到附近的庐山上去排解忧愁，江州刺史也不怎么管他。即便如此，他仍然满腔怨愤、无处倾诉，因此才满怀深情地写下了这封沉郁悲痛、感人至深的书信，寄给远在千里之遥的好友元微之，即元稹。

这封信表达的感情十分真挚动人。在介绍日常家庭琐事时，语言淳朴自然、充满深情。在描写草堂景物时，细致入微地把草堂周围的景物生动形象地描摹了出来，再借助工整的骈体句，巧妙地传达出了自己的喜悦之情。当然，还有信中所传达出来的对好友的思念之情，更使本文增加了感人的力量。

先天下之忧而忧，后天下之乐而乐

岳阳楼记

记：一种文体，可以写景、叙事，多为议论。

庆历四年春，滕子京谪守巴陵郡。越明年，政通人和，百废具兴。乃重修岳阳楼，增其旧制，刻唐贤今人诗赋于其上。属予作文以记之。

属（zhǔ）：通“嘱”，嘱托。

予观夫巴陵胜状，在洞庭一湖。衔远山，吞长江，浩浩汤汤，横无际涯；朝晖夕阴，气象万千。此则岳阳楼之大观也，前人之述备矣。然则北通巫峡，南极潇湘，迁客骚人，多会于此，览物之情，得无异乎？

若夫淫雨霏霏，连月不开，阴风怒号，浊浪排空；日星隐曜，山岳潜形；商旅不行，樯倾楫摧；薄暮冥冥，虎啸猿啼。登斯楼也，则有去国怀乡，忧谗畏讥，满目萧然，感极而悲者矣。

至若春和景明，波澜不惊，上下天光，一碧万顷；沙鸥翔集，锦鳞游泳；岸芷汀兰，郁郁青青。而或长烟一空，皓月千里，浮光跃金，静影沉璧，渔歌互答，此乐何极！登斯楼也，则有心旷神怡，宠辱偕忘，把酒临风，其喜洋洋者矣。

嗟夫！予尝求古仁人之心，或异二者之为。何哉？不以物喜，不以己悲；居庙堂之高则忧其民；处江湖之远则忧其君。是进亦忧，退亦忧。然则何时而乐耶？其必曰：“先天下之忧而忧，后天下之乐而乐”乎。噫！微斯人，吾谁与归？

时六年九月十五日。

译文

庆历四年的春天，滕子京被贬到巴陵郡做太守。到了第二年，政务通畅，百姓和乐，各种荒废的事业都兴办起来了。这才重新修建岳阳楼，扩大它原有的规模，将唐代名家与当代名人的诗赋刻在上面。嘱托我写一篇文章来记述这件事。

我看那巴陵郡的胜景，全在那洞庭湖上。它连接着远方的群山，吞吐着长江的流水，浩浩荡荡，宽阔无边，早晨阳光洒满湖面，傍晚又是一片阴暗，气象千变万化。这就是岳阳楼雄伟壮观的景象，前人对这些景象的记述已经很详尽了。虽然如此，这里向北通往三峡中的巫峡，向南最远直达潇水与湘江，那些被贬官的官员以及吟诗作赋的诗人们，大多会聚集在此地，观赏这里的自然景物而引发的感情，大概会有所不同吧！

像那连绵细雨下个不停，接连几个月都不放晴，阴冷的风在湖面怒吼着，浑浊的波浪冲向天空；日月星辰都隐藏起了光辉，周围的群山也隐没了形迹；商人与旅客无法通行，船的桅杆倒下，船桨折断；傍晚时分天色昏暗，只听得虎的长啸与猿的悲啼。这时节登上岳阳楼，就会产生许多不好的情绪：离开京城，被贬他乡，怀念故土，担心别人进谗言，害怕自己被嘲讽，满眼所见尽是些萧条冷落的景象，一定会感慨万千而十分悲伤。

至于到了春天和暖、阳光明媚的时节，湖面风平浪静，水天一色，一片碧绿，广阔无垠；沙洲上的鸥鸟时而飞翔、时而停歇，美丽的鱼儿浮浮沉沉、游来游去；岸上的小草，小洲上的兰花，香气四溢，郁郁葱葱。有时湖面上的大片烟雾完全消散，皎洁的月光一泻千里；有时湖面上微波荡漾，浮动在湖面上的月光闪耀出金光来；有时湖面水平如镜，明月倒映在水中好似沉入水中的玉璧。湖面上的渔夫们唱起了歌，一唱一和，这种乐趣真是无穷无尽！这时节登上这座岳阳楼，就会感到心情开朗，精神愉快，荣耀与屈辱一并都忘了，在清风吹拂中端起酒杯来痛饮，真是高兴极了。

唉！我曾经探求古时那些品德高尚之人的思想，他们或许不同于以上两种心情，这是为什么呢？因为他们不会因外物的好坏和自己的得失而或喜或悲。在朝中做官，就要为百姓忧虑；处在偏远的地方，就要为国君忧虑。这样一来无论是在朝为官还是身处偏远的地方，都会满心忧虑。既然如此，那么他们什么时候才能快乐呢？他们一定会说："在天下人担忧之前先担忧，在天下人快乐之后才快乐"吧？唉！如果没有这样的人，我与谁同道呢？

写于庆历六年九月十五日。

敲黑板

作者范仲淹，字希文，苏州吴县人，北宋著名思想家、政治家、文学家，有《范文正公文集》传世。

北宋仁宗皇帝在位时，朝堂上可以说是人才济济，为后世所敬仰的就有晏殊、欧阳修、狄青、包拯、韩琦等，范仲淹更是其中的杰出代表。

宋仁宗庆历三年，即公元1043年，范仲淹官拜参知政事，相当于副宰相。面对当时北宋王朝内忧外患的局面，他提出了以改革吏治为主的十项主张，这就是北宋历史上著名的“庆历新政”。可惜的是，新政触犯了很多大官僚的利益，遭到了他们的强烈反对，加上仁宗皇帝改革的决心不坚定，在以太后为首的保守官僚集团的压迫下，改革最终以失败告终。

庆历五年，即公元1045年，范仲淹被贬出京城，外放河南邓州担任知州一职。这篇文章便是应好友滕子京之邀，写于邓州，并非岳阳楼。

据说，当时滕子京虽然被贬岳阳，但他在任期间还是为老百姓做了一些事情，主要有三大政绩，重修岳阳楼便是其中之一，借此希望得到朝廷的谅解。滕子京为了提高其政绩工程的知名度，便赠给远在邓州的范仲淹一幅画，叫《洞庭晚秋图》，希望他能够就此画写一篇关于岳阳楼的文章。的确，这座举世闻名的岳阳楼就坐落在烟波浩渺的洞庭湖边上。而写出这篇千古绝唱的范仲淹，居然没有去过岳阳楼，全然只凭一幅画，不得不说，范仲淹太厉害了。

单单就艺术性而论，这篇《岳阳楼记》也堪称千古绝唱。

本文将记事、写景、抒情和议论融为一体，记事简洁明了，写景美不胜收，抒情真切感人，议论光照千古。它虽是一篇散文，却穿插了许多四言的对偶句，如“日星隐曜，山岳潜形”“沙鸥翔集，锦鳞游泳”“长烟一空，皓月千里；浮光跃金，静影沉璧”。这些骈文句子为文章增添了明媚的色彩。此外，作者锤炼字句的功夫也极为深厚，如“衔远山，吞长江”，恰如其分地表现出洞庭湖浩瀚无边的气势。

就思想性而言，这篇文章更是旷古烁今，千年一遇。

作者范仲淹虽身居江湖之远，却心忧国事，虽被贬外地，却仍然心忧天下。文末所说的“先天下之忧而忧，后天下之乐而乐”，几乎就是范仲淹一生的行为准则，这是何等崇高的思想境界。除此之外，范仲淹还认为，个人的得失荣辱并没有那么重要，重要的是人生的信念与追求，所以他说：“不以物喜，不以己悲。”

“云山苍苍，江水泱泱。先生之风，山高水长。”这是范仲淹评价东汉名士严子陵的话，用上面的十六个字来描述范仲淹自己，也是十分恰当的。先生之风，山高水长，忧国忧民，光耀千古。

封建迷信害死人

樊侯庙灾记

郑之盗，有入樊侯庙刳神像之腹者。既而大风雨雹，近郑之田麦苗皆死。人咸骇曰："侯怒而为之也。"余谓樊侯本以屠狗立军功，佐沛公至成皇帝，位为列侯，邑食舞阳，剖符传封，与汉长久，《礼》所谓有功德于民则祀之者欤！舞阳距郑既不远，又汉、楚常苦战荥阳、京、索间，亦侯平生提戈斩级所立功处，故庙而食之宜矣。方侯之参乘沛公，事危鸿门，振目一顾，使羽失气，其勇力足有过人者，故后世言雄武称樊将军，宜其聪明正直，有遗灵矣。然当盗之停仞腹中，独不能保其心腹肾肠哉？而后贻怒于无罪之民，以骋其恣睢，何哉？岂生能万人敌，而死不能庇一躬邪！岂其灵不神于御盗，而反神于平民而骇其耳目邪！风霆雨雹，天之所以震耀威罚有司者，而侯又得已滥用之邪？盖闻阴阳之气，怒则薄而为风霆，其不和之甚者凝结而为雹。方今岁且久旱，伏阴不兴，壮阳刚燥，疑有不和而凝结者，岂其适会民之自灾也邪？不然，则喑呜叱咤，使风驰霆击，则侯之威灵暴矣哉！

刳：剖开。

剖符：信物。

仞：把刀插进去。

喑呜叱咤：愤怒地呼叫。

译文

在新郑一带有个盗贼，闯入樊侯庙中把樊哙神像的腹部剖开了。不久，当地刮起了大风，下起了冰雹，导致新郑一带的麦苗都被冰雹砸死了。人们都惊恐地说："这是樊侯发怒了，才降下这场灾祸。"我认为，樊哙本来是杀狗的屠夫，后来立了军功，辅佐刘邦做了皇帝，被封为列侯，把舞阳作为封地，有信物作为敕封的凭证，代代相传，与汉代一样长久，这便是《礼记》上所说的：对百姓有功德的人便会受到祭祀啊！樊哙的食邑封地舞阳距离新郑并不远，而且当时汉、楚两军常常在荥阳、京、索一带激战，新郑也是樊侯平生征战杀敌立功的地方，因此立庙祭祀他原本也是应该的。当樊侯作为沛公的参乘时，在鸿门宴的危急时刻，他挺身而出、瞪大眼睛，使得西楚霸王项羽失了气势，由此可见他的勇猛与气力大大超过了常人，因此后世讲到一个人英武勇猛时，都会称赞樊哙将军，人们说他聪明正直，难怪死后会显灵。可是，当盗贼将刀刃插入神像的肚子时，难道他连五脏都保不住吗？后来却把怒气发到无辜的百姓头上，来放任自己胡作非为，这是为什么呢？难道生前活着的时候能够力敌万人，死后却连自己的一副躯体也不能保护了吗！难道他的神灵不能用来抵御盗贼，却反而报复平民百姓从而使平民百姓害怕他吗！风雨雷电、大风冰雹，是上天用来显示威力、惩罚官吏的东西，樊侯难道能随便滥用这种威力吗？听说阴阳二气突然爆发且互相逼近，才会形成风雨雷电，当它们差异最大时便会凝结成冰雹。目前长期干旱，潜伏的阴气不能得到释放，而阳气却猛烈而干燥，我猜想正是阴阳二气产生了巨大的差异才最终凝结成了冰雹，大概是恰巧碰到樊侯这件事，不然的话，樊哙大声地怒吼，使得狂风大作、电闪雷鸣，那么樊侯的威灵就真的太厉害了。

敲黑板

作者欧阳修，字永叔，号醉翁，江西永丰人，唐宋八大家之一，北宋著名政治家、文学家、史学家，北宋文坛的领袖，著有《欧阳文忠集》。

说他是文坛领袖，道理很简单：唐宋八大家，除了唐代的韩愈和柳宗元，其余六人俱是北宋的，他们分别是：欧阳修、王安石、苏洵、苏轼、苏辙和曾巩，欧阳修与韩愈、柳宗元、苏轼被后人合称为“千古文章四大家”。其中，欧阳修发起并领导了北宋的古文运动，王安石算是欧阳修的后辈，苏洵也曾得到欧阳修的指点和提携，至于苏轼、苏辙和曾巩等人，则都是欧阳修的门生。

在中国文学史上，欧阳修的地位如同唐代的韩愈，开一代先河，树一代文风，由此才出现了文学史上最为璀璨夺目的古文八大家，令后世望其项背。代表作有《醉翁亭记》《丰乐亭记》《秋声赋》等。除此之外，他在诗、词、史学、金石学上也有很深的造诣。他曾主编《新唐书》，并独自撰写了《新五代史》，他比赵明诚、李清照夫妇更早研究金石学，著有《集古录》，是今天留存下来的最早的金石学著作。

作者写此文的目的，主要是破除封建迷信。在那个科技十分落后的时代，普通百姓习惯于将一切自然现象与神灵相联系。本是一场极为平常的冰雹天气，但由于前几天一个盗贼闯入樊侯庙，把樊哙神像的腹部剖开了，当地老百姓就认定这是樊侯在发怒报复。作者认为，既是樊侯显灵发怒，降下了冰雹，便是神通了得，那么当盗贼将刀刃插入他的肚子时，他怎么连五脏都保护不了呢？却要把怒气发到无辜的百姓头上，使平民百姓害怕，这显然是不可能的；接着作者进一步阐述道：风雨雷电、大风冰雹，是上天用来显示威力、惩罚官吏的东西，樊侯不可能随便滥用这种威力；最后，作者试图自己解释这种天气现象，将它归咎为阴阳二气差异太大，相互作用导致的。这当然是不科学的，但在北宋那个年代，能有这样的见识已经很不错了。

这篇文章有理有据，笔法灵巧，转折顿挫，气势逼人，结尾一句蕴含讥讽，更加显得余味无穷。

诸葛亮智激孙权

赤壁之战

曹操自江陵将顺江东下，诸葛亮谓刘备曰：“事急矣，请奉命求救于孙将军。”遂与鲁肃俱诣孙权。亮见权于柴桑，说权曰：“海内大乱，将军起兵江东，刘豫州收众汉南，与曹操共争天下。今操芟夷大难，略已平矣，遂破荆州，威震四海。英雄无用武之地，故豫州遁逃至此，愿将军量力而处之！若能以吴、越之众与中国抗衡，不如早与之绝；若不能，何不按兵束甲，北面而事之！今将军外托服从之名而内怀犹豫之计，事急而不断，祸至无日矣！”权曰：“苟如君言，刘豫州何不遂事之乎？”亮曰：“田横，齐之壮士耳，犹守义不辱；况刘豫州王室之胄，英才盖世，众士慕仰，若水之归海。若事之不济，此乃天也，安能复为之下乎！”权勃然曰：“吾不能举全吴之地，十万之众，受制于，吾计决矣！非刘豫州莫可以当曹操者，然豫州新败之后，安能抗此难乎？”亮曰：“豫州军虽败于长坂，今战士还者及关羽水军精甲万人，刘琦合江夏战士亦不下万人。曹操之众远来疲敝，闻追豫

芟：消除。夷：削平。略：大致。

州，轻骑一百一夜行三百余里，此所谓‘强弩之末势不能穿鲁缟’者也，故兵法忌之，曰‘必蹶上将军’。且北方之人，不习水战；又，荆州之民附操者，逼兵势耳，非心服也。今将军诚能命猛将统兵数万，与豫州协规同力，破操军必矣。操军破，必北还，如此则荆、吴之势强，鼎足之形成矣。成败之机，在于今日！”权大悦，与其群下谋之。

蹶：跌倒、挫折。

译文

曹操从江陵将要顺江而下，诸葛亮对刘备说：“事情已经很紧急了，请让我奉命向孙将军求救。”于是便跟着鲁肃一同前往孙权那里。诸葛亮在柴桑见到了孙权，游说孙权说：“现在天下大乱，将军您在江东起兵，刘豫州在汉南招兵买马，与曹操共同争夺天下。现如今曹操已经消除了大患，局面大致平定了，于是就攻破了荆州，威势震动全国。英雄没有用武之地，因此刘豫州才逃到这里，希望将军您估量自己的实力来应对当下这个局势。如果能够凭借吴越的人马与曹操的势力相抗衡，不如趁早与他断绝来往；假如不能，为什么不停止军事行动，收起铠甲，面向北面称臣侍奉呢！现在将军您表面上假借服从的名义，内心却抱着犹豫不决的想法，如今事情紧迫却不能决断，没有几天就会大祸临头了！”孙权说：“如果真像您所说的这样，那刘豫州为什么不去侍奉曹操呢？”诸葛亮说：“田横，只不过是齐国的一个壮士罢了，尚且能够坚守节义，不肯屈服他人而受辱；何况刘豫州乃是汉朝王室的后代，英明才智超过当代所有的人，许多士人仰慕拥戴他，就像是水流归于大海一样。如果事业不能成功，这就是天意啊！怎么能再做曹操的下属呢？”孙权恼怒地说：“我不能拿整个吴地，十万军队，受别人控制，我的主意定了！除了刘豫州，没有一个能和我一齐抵挡曹操的。可是刘豫州刚刚打了败仗，怎么能抵抗得了这次灾难呢？”诸葛亮说：“刘豫州的军队虽然在长坂坡打了败仗，可现在归队的士兵以及关羽所率领的水军精兵还有一万人，此外，刘琦收集江夏的士兵也不少于一万人。曹操的军队远道而来，早已是疲惫不堪，听说追赶刘豫州时，轻装骑兵一天一夜要走三百多里，这就是所说的‘强弓所发的箭飞到尽头，它的力量连鲁国薄薄的绢布也穿不透’啊，兵法上忌讳这种情况，说‘一定会使主帅遭到挫败’。况且北方来的士兵根本不习惯在水上作战，再者荆州的老百姓归附曹操的，只是受到武力的逼迫罢了，并非真心降服。现在将军果真能够派遣勇猛的大将统帅几万军队，与刘豫州共同谋划、齐心协力，打败曹操的军队是一定的。曹操的军队被打败，一定退回北方；这样一来，荆州和吴国的势力就会增强，三分天下的鼎立局面就形成了。成功与失败的关键，就在今天！”孙权听后非常高兴，就跟他手下的谋臣们商量这件事。

敲黑板

作者司马光，山西涑水人，世称涑水先生，北宋著名政治家、文学家、史学家。

司马光是个神童，当别的小朋友只会玩泥巴时，他就已经能砸缸救人了。长大之后更是了不得，在政治、史学、文学方面都有着很高的建树和造诣。作为旧党的代表人物，他与王安石是死对头，宋神宗去世后，司马光担任宰相，尽废新法。今天的人们总以为司马光保守固执，其实不然，司马光反对新法，是认为王安石的改革过于冒险，且用人不当，对王安石的人品学识，他还是非常敬佩的。王安石也是一样，对于司马光的学识操守同样抱有崇高的敬意，只是政见不同罢了。

此外，司马光在史学上还留下了浓墨重彩的一笔，他主持编纂了中国历史上第一部编年体通史《资治通鉴》。这是一部恢宏巨制，共294卷，约三百多万字，历时十九年完成，以时间为纲，记述了从周威烈王到五代后周共一百三百多年的历史。宋神宗认为编撰此书的目的在于以历史的得失来警示后人，所以赐名为《资治通鉴》，它有别于以往的纪传体史书专门为帝王将相作家谱，而是以时间为脉络，说明史事的前因后果，以便让人得到系统而明晰的印象。书中内容主要以政治、军事为主，借以展示历代君臣治乱、成败、安危的轨迹，作为历史的借鉴。司马光这一伟大史学成就，最终使得他与司马迁齐名，被称为

“史界两司马”。

本文即选自《资治通鉴》中的著名篇章“赤壁之战”。

赤壁之战是我国历史上一次著名的以少胜多的战役，可以说是家喻户晓，其结果是形成了魏、蜀、吴三国鼎立的局面，对汉末的历史有着重大的影响。《三国演义》中更是大书特书这场著名的战役，为我们留下了诸多经典的桥段和典故。尤其是节选的这个片段，跟《三国演义》中的描写高度相似，想来是因为司马光写得太精彩，罗贯中则高度借鉴了其中的内容。

本文以人物对话来展开故事情节，在会谈中，一个个人物的言谈风貌、语气态度都不相同。比如，同样是劝说孙权联合刘备抵抗曹操，诸葛亮就非常聪明，善于外交辞令，不卑不亢，他毫不避讳，直言曹操军队的强大，也承认刘备刚打了败仗，他采用高明的激将法劝说孙权。孙权接见诸葛亮，非常谨慎，不露锋芒，试探破敌良策。诸葛亮于是再接再厉，一口气说了曹军的三大弱点：强弩之末、北人不习水战、荆州民心未服，若是能够同刘备联合起来，曹军必破。孙权大喜过望，一场成功的游说就此完成。

天才也需要后天努力

伤仲永

金溪民方仲永，世隶耕。仲永生五年，未尝识书具，忽啼求之。父异焉，借旁近与之，即书诗四句，并自为其名。其诗以养父母、收族为意，传一乡秀才观之。自是指物作诗立就，其文理皆有可观者。邑人奇之，稍稍宾客其父，或以钱币乞之。父利其然也，日扳仲永环谒于邑人，不使学。

扳（pān）：通“攀”，引。

余闻之也久。明道中，从先人还家，于舅家见之，十二三矣。令作诗，不能称前时之闻。又七年，还自扬州，复到舅家问焉，曰：“泯然众人矣。”

泯（mǐn）然众人矣：完全如同常人一样了。

王子曰：仲永之通悟，受之天也。其受之天也，贤于材人远矣。卒之为众人，则其受于人者不至也。彼其受之天也，如此其贤也，不受之人，且为众人；今夫不受之天，固众人，又不受之人，得为众人而已耶？

译文

金溪县有个叫方仲永的人，家中世世代代以耕田为生。仲永长到五岁的时候，还不曾见过任何的书写工具，忽然有一天他竟哭着索要这些东西。他的父亲感到非常诧异，就向邻居借了这些东西给他，他立刻写下了四句诗，并且题上了自己的名字。这首诗以奉养父母和团结宗族为中心主旨，他的父亲传给全乡的秀才欣赏。从此以后，指定任何事物让方仲永作诗，他立刻就能完成，且诗的文采和道理都有值得欣赏的地方。同县的人对此感到非常惊奇，渐渐地都以宾客之礼对待他的父亲，有的人用金钱来求取方仲永的诗。他的父亲认为这样有利可图，便每天带着方仲永四处拜访同县的人，不让他学习。

我听说这件事情很久了。宋仁宗明道年间，我跟随先父回到家乡，在舅舅家中见到了方仲永，这时他已经十二三岁了。让他作诗，写出来的诗已经不能与从前的名声相称。又过了七年，我从扬州回来，再次来到舅舅家中，问起方仲永的情况，他们回答说："方仲永已经完全跟普通人没什么两样了。"

我不禁感慨道：方仲永的通晓、领悟能力是上天赋予的。正因为是上天赋予的，他的天赋比一般有才能的人要优秀得多。但最终成为一个平凡人，是因为他后天所接受的教育没有达到要求。他拥有的天资如此出众，因没有受到正常的后天教育，尚且成为平凡的人；那么如今那些本来就天资平庸之人，本来就平凡，又不接受后天的教育，难道成为平凡人就到此为止了吗？

敲黑板

作者王安石，字介甫，号半山，世人称他为“王荆公”，江西临川人，北宋著名政治家、文学家，“唐宋八大家”之一，著有《王临川集》。

宋治平四年，即公元1067年，宋神宗即位，面对北宋积贫积弱的局面，他开始重用王安石。宋神宗熙宁二年，即公元1069年，王安石担任参知政事，开始主持变法，这就是中国历史上著名的“王安石变法”。

这场变法因为种种原因，最终还是失败了，但王安石仍旧称得上是伟大的政治家和改革家，一代人杰，其变法主张对后世产生了巨大的影响。

王安石在政治上建树颇多，担任过宰相，他在文学诗歌上同样非常有成就，其文章雄健峭拔，代表作有《游褒禅山记》《伤仲永》《答司马谏议书》等；其诗作遒劲清新，代表作有《泊船瓜洲》《书胡阴先生壁》《登飞来峰》等。

关于这篇文章的写作背景，大致是这样的：天圣三年，方仲永还是孩提时，竟提笔写了首诗，写得很不错，一时间震动乡里，人人都夸他是神童。明道二年，方仲永大约十三岁了，与他同龄的王安石跟随父亲到金溪县探亲，恰巧在舅舅家遇见了方仲永，便请他作了几首诗，结果让王安石有些失望，因为这几首诗写得普普通通，完全没了神童该有的才气。康定元年，王安石再次到金溪探亲，一番打听之下，才得知此时的天才方仲永已做回了农民，整日与庄稼为伴，完全成了一个普通人。庆历三年，王安石从扬州回到家乡临川，回想起方仲永的遭遇，感慨万千，于是写下了这篇文章，以告诫人们后天教育的重要性。

这篇文章很简单，但道理却非常深刻，具有警醒作用：一个人拥有的天资如此出众，因没有受到正常的后天教育，尚且成为平凡的人；那么如今那些本来就天资平庸之人，本来就平凡，又不接受后天的教育，难道成为平凡人就到此为止了吗？

王安石是清醒而有见地的，一个“伤”字，不仅仅是为方仲永的人生感到可惜，更是为了唤起千千万万的读书人。

苏轼的情怀

武阳君爱鸟

吾昔少年时，所居书室前，有竹柏杂花，丛生满庭，众鸟巢其上。武阳君恶杀生，儿童婢仆，皆不得捕取鸟雀。数年间，皆巢于低枝，其鷇可俯而窥也。又有桐花凤四五百，翔集其间，此鸟羽毛，至为珍异难见，而能驯扰，殊不畏人，闾里间见之，以为异事。此无他，不忮之诚，信于异类也。有野老言：鸟雀巢去人太远，则其子有蛇、鼠、狐狸、鸱、鸢之忧。人既不杀，则近人者，欲免此患也。由是观之，异时鸟雀不敢近人者，以人甚于蛇、鼠之类也。

鷇（kòu）：初生的小鸟。

忮（zhì）：凶狠。

译文

我昔日少年时，所居住的书房前，种有翠竹松柏以及一些花草，郁郁葱葱长满了整个庭院，众多鸟雀在上面搭窝筑巢。我的母亲（武阳君）痛恨虐杀生灵，便嘱咐家中的小孩及仆人，都不能捕捉这些鸟雀。几年时间下来，那些鸟雀就都敢在低枝上筑巢了，鸟巢里那些初生的小鸟，只要低下头去都可以看得到。还有一种叫桐花凤的鸟，约有四五百只，成群结队地飞翔在花木丛里，这种鸟的羽毛极其珍贵、很难见到，但是却很驯服不受干扰，而且也不怕人。乡里人见到这种现象，都认为是很奇怪的事情。这也没有什么其他的原因，不外乎是主人对待这些鸟雀很真诚，取得了异类的信任罢了。民间有一种古老的说法：若是鸟雀的巢窝离人太远的话，那么就一定会有被蛇、鼠、狐狸、猫头鹰及老鹰骚扰的忧患。人若不杀鸟雀，那么它们自然就会亲近人类，以免除被这些凶恶动物骚扰的忧患。由此可以看出，从前鸟雀不敢接近人类，是因为人类的作为比蛇鼠之类更加残暴。

敲黑板

苏轼，字子瞻，号东坡居士，四川眉山人，唐宋八大家之一，宋代最伟大的文学家。

苏轼是一位全能型的天才人物，在诗词、书法、绘画、佛学、美食等诸多方面都有着极高的成就与造诣。

先说诗，宋代诗歌自然比不了唐诗，但仍然出现了诸多代表性人物，如苏轼、王安石、黄庭坚、陆游、杨万里、范成大等。关于苏轼的诗，我们耳熟能详的就有《题西林壁》《惠崇春江晚景》《饮湖上初晴后雨》《六月二十七日望湖楼醉书》等。

关于词，苏轼对宋词的贡献极大，可以说是宋代豪放派的开创者，极大地拓展了宋词的写作范围。苏轼在宋词中的地位宛如李白在唐诗中的地位一样，说他是“词圣”也不为过。

关于书法，苏轼与黄庭坚、米芾、蔡襄合称为“宋四家”，算是有宋一代最伟大的四位书法家了，其代表作《黄州寒食诗帖》被誉为“天下第三行书”，仅次于王羲之的《兰亭序》和颜真卿的《祭侄文稿》。

关于苏轼的绘画，如今的人们大多并不知晓，但在当时苏轼的画就已经很知名了，代表作有《潇湘竹石图》《枯木怪石图》等。其中，《枯木怪石图》对后世影响极大，尤其是对元明清时期的文人绘画。

关于佛学，苏轼也极有悟性，这不仅可以从他的诗词中看出，还可以从他的古文中看出。在他的众多好友之中，佛家禅师也有不少。

说到美食，苏轼乃是后世公认的美食家，苏轼创造的美食，为今天所熟知的有东坡肉、东坡肘子、东坡鱼等。

综上，苏轼乃是我国历史长河中千年一遇的天才，全能选手，所涉猎的范围之广、成就之大，几乎没有可以与之相匹敌的。苏轼之所以成为苏轼，不仅得益于他父亲的教诲，也源于他母亲的悉心教导，从这篇文章中我们便可以略知一二。

今天的人们当然知道人与自然应该和谐相处，但远在一千年前的宋代，苏轼的母亲早已明了其中真意，她嘱咐家中的小孩及仆人，都不要捕捉这些鸟雀，让它们与人类共处。这样几年的时间下来，那些鸟雀自然就敢在低枝上筑巢了。孔子说："苛政猛于虎也"，为了能够躲避赋税，竟整日与猛虎为伴。苏轼说："以人甚于蛇、鼠之类也"，从前鸟雀不敢接近人类，是因为人类的作为比蛇鼠之类更加残暴，所以苏轼提倡以"仁"治天下，正是源于他母亲武阳君的言传身教。

欧阳修与曾巩

醒心亭记

滁州之西南，泉水之涯，欧阳公作州之二年，构亭曰“丰乐”，自为记，以见其名义。既又直丰乐之东几百步，得山之高，构亭曰“醒心”，使巩记之。

凡公与州之宾客者游焉，则必即丰乐以饮。或醉且劳矣，则必即醒心而望，以见夫群山之相环，云烟之相滋，旷野之无穷，草树众而泉石嘉，使目新乎其所睹，耳新乎其所闻，则其心洒然而醒，更欲久而忘归也。故即其所以然而为名，取韩子退之《北湖》之诗云。噫！其可谓善取乐于山泉之间，而名之以见其实，又善者矣。

滋（zī）：生。

虽然，公之乐，吾能言之。吾君优游而无为于上，吾民给足而无憾于下。天下之学者，皆为材且良；夷狄鸟兽草木之生者，皆得其宜，公乐也。一山之隅，一泉之旁，岂公乐哉？乃公所寄意于此也。

且良：泛指有才能。

隅（yú）：角落。

若公之贤，韩子殁数百年而始有之。今同游之宾客，尚未知公之难遇也。后百千年，有慕公之为人而览公之迹，思欲见之，有不可及之叹，然后知公之难遇也。则凡同游于此者，其可不喜且幸欤！而巩也，又得以文词托名于公文之次，其又不喜且幸欤！

庆历七年八月十五日记。

译文

在滁州的西南，在一汪泉水的边上，欧阳公担任知州的第二年，建造了一座亭子，名叫“丰乐”，并亲自作记，以表明这个名称的由来。不久，又在丰乐亭的东面几百步找到一个山势较高的地方，也建造了一座亭子，叫“醒心”，让我来作记。

每逢欧阳公与州郡宾客到这里来游览，就一定会到丰乐亭来喝酒。有时喝醉且疲劳了，就一定会登上醒心亭远眺。只见那里群山环抱、云烟缭绕、旷野无穷、草木繁盛、泉石秀美，所见到的景致让人眼花缭乱、觉得新奇，所听到的泉声让人耳朵为之一振，心胸顿时觉得清爽无比，酒意自然也就清醒了，更想着久留在此地不回去了。所以便根据这个缘故，给亭子命名为“醒心亭”，取自韩愈《北湖》诗中所说。啊！这可以说是善于在山泉之间寻找快乐了，并且又用所看到的实际情况来给它命名，这就更好了。

尽管如此，欧阳公的快乐，我是能够说得出来的。我们的皇帝在上悠然自得，无为清静；我们的百姓在下丰衣足食，心无遗憾；天下的读书人都能成为良才；四方的少数民族以及鸟兽草木等，都各得其宜，这才是欧阳公真正的快乐啊！在一座山的角落里，在一汪泉水的旁边，哪里会是欧阳公的快乐所在呢？只不过是在这里寄托他的感想罢了。

像欧阳公这样贤明的人，韩愈死后几百年才出现一个。如今与他同游的宾客还不知道欧阳公这样的贤人是很难遇到的。千百年后，有人仰慕欧阳公的为人，瞻仰他的遗迹，想要见他，就会因没有与他同时代而感叹，这时候才会知道欧阳公是千年一遇的贤人啊！那么凡是如今与欧阳公同游的人，能不感到欢喜且幸运吗？而对于我曾巩来说，又能够用这篇文章托名在欧阳公文章的后面，又怎能不感到欢喜且庆幸呢？

庆历七年八月十五日记。

敲黑板

本文作者曾巩，字子固，江西省南丰县人，北宋著名散文家，“唐宋八大家”之一，著有《元丰类稿》。

今天的人们，大多知道欧阳修与苏轼的师生情谊。其实，按照我们现在的标准来看，苏轼并非欧阳修的学生，只是欧阳修在科举考试中录取了苏轼，苏辙也不是欧阳修的学生，王安石更不是，曾巩却是。年少的曾巩在家乡时就已很有名气，远近乡邻都知道有他这样一个大才子。后来，十八岁的曾巩随父亲入京，拜见了当时的文坛领袖欧阳修，算是拜入他的门下。二十岁那年，曾巩入北宋最高学府太学读书。

宋仁宗嘉祐二年，即公元1057年，一场永载史册的科举考试拉开了帷幕，本次科考的主考官是欧阳修和诗人梅尧臣，录取的进士有苏轼、苏辙、曾巩、张载、程颢、曾布等人，时年曾巩三十八岁。

关于这场光耀整个大宋的科考，还有一段有趣的故事：为防止考生作弊，当时所有的考卷都采用糊名法，并派专人誊抄试卷，这样一来，主考官根本不知道考卷出自何人之手。当时，梅尧臣发现一份考卷的文章写得非常好，便拿给欧阳修过目，欧阳修一看，果然了不得，便有意定他为第一名。可转念一想，不对，这莫不是我的学生曾巩所写？对，错不了，除了他，没人写得出来。欧阳修不敢将他定为榜首了，怕别人说他偏袒自己的学生，就将其定为了第三名。等到放榜之时欧阳修才知道，这份考卷并非曾巩所写，而是一个名叫苏轼的考生。

曾巩是欧阳修最喜欢的学生，也是欧阳修最看重的学生，对他的评价也非常高。欧阳修在《送杨辟秀才》一文中这样形容曾巩：他就像是在一群鸟当中的雄鹰一样。

宋仁宗庆历七年，即公元1047年，曾巩跟随父亲北上，在途中曾巩去了一趟滁州，拜访了时任滁州太守的恩师欧阳修，这篇文章就是在滁州期间应欧阳修的邀请而写的。

文章第一段交代了写《醒心亭记》的有关背景和写作原因。文章第二段写醒心亭以及周围的胜景，说出了醒心亭名称的由来。第三段曾巩大发议论，来说明欧阳修之乐的内涵。第四段高度颂扬欧阳修的伟大与不朽，将他同唐代的韩愈相提并论。在当时看来，这或许是拍马屁的话，但对今天的我们而言，这就是事实。韩愈几乎以一己之力扛起了唐代古文运动的大旗，到了宋代，欧阳修也是力挽狂澜，使古文运动发展到一个新的高峰，培养出苏轼、苏辙、王安石、曾巩等诸多文学家。曾巩说：像欧阳公这样的人，几百年才能出现一个，现在的人还没有理解这一点，但千百年之后，人们一定会认识到这个问题。不得不说，曾巩的评价是十分中肯的！

天堂水，龙井茶

龙井题名记

元丰二年，中秋后一日，余自吴兴来杭，东还会稽。龙井有辨才大师，以书邀余入山。比出郭，日已夕，航湖至普宁，遇道人参寥，问龙井所遣篮舆，则曰：“以不时至，去矣。”

龙井：在今天的杭州市西风篁岭上，本名龙泓，原指山泉。

是夕，天宇开霁，林间月明，可数毫发。遂弃舟，从参寥策杖并湖而行。出雷峰，度南屏，濯足于惠因涧，入灵石坞，得支径上风篁岭，憩于龙井亭，酌泉据石而饮之。自普宁凡经佛寺十五，皆寂不闻人声。道旁庐舍，灯火隐显，草木深郁，流水激激悲鸣，殆非人间之境。行二鼓，始至寿圣院，谒辨才于朝音堂，明日乃还。

濯：洗，洗涤。

谒（yè）：拜见。

译文

元丰二年，中秋节的第二天，我从吴兴县来到杭州，然后往东回了绍兴。龙井这个地方有位辨才大师，用书信的方式相邀，请我到龙井山中去。等我出了城，太阳已经快要落山了，我走水路航行到了普宁寺，遇到了道人参寥，便问他龙井山是否有可供遣使、雇佣的竹轿，他却说：“你来得不是时候，轿子已经离去了。”

这天晚上，雨过天晴，天空格外晴朗，林间月光明亮，都能数得清头上的发丝了。于是我便弃舟登岸，跟着参寥一起拄着拐杖沿着湖边慢行。过了雷峰塔，经过南屏山一带，又赤着脚渡过惠因涧，进入灵石坞后，发现有一条小路，便沿着它登上了风篁岭，在龙井亭休息了一会，手捧泉水靠着山石就喝了起来。从普宁寺到龙井亭，途中总共经过了十五座佛寺，都十分寂静，听不到人的声响。道路两旁的房屋，灯火若隐若现、忽明忽暗，草木则葱葱郁郁，山涧中水流湍急，发出一阵阵悲怆的声响，这大概不是人间所能拥有的地方。我们前行直至二更天，才来到了寿圣院，在朝音堂拜见了辨才大师，第二天便回去了。

敲黑板

本文作者秦观，字少游，北宋著名词人，江苏高邮人，“苏门四学士”之一，著有《淮海集》。

苏门四学士，是指苏轼的四位得意门生，分别是黄庭坚、晁补之、张耒和秦观，个个都大名鼎鼎，其中尤以秦观和黄庭坚最为知名，秦观是北宋著名词人，黄庭坚是大书法家、大诗人，同时也是词人。

宋词分为婉约派和豪放派，豪放派的代表人物有苏轼和辛弃疾，婉约派则有柳永、秦观和李清照。的确，秦观的词大多描写风花雪月，充满了离愁别绪和男欢女爱，著名的就有《鹊桥仙·纤云弄巧》《满庭芳·山抹微云》等，创造了不少金句，如“两情若是久长时，又岂在朝朝暮暮”“自在飞花轻似梦，无边丝雨细如愁”。

元丰二年的春天，秦观离开家乡高邮，前往绍兴探望自己的伯父。恰巧，当时苏轼自徐州调任到湖州当太守，途经高邮，他们二人便一路同行，到湖州时分开。不幸的是，秦观到绍兴后，听说苏轼被捕下狱。恩师遭难，秦观不能不管，便来到湖州打探消息，但此时的苏轼早已被押往北宋都城汴梁了。秦观人微言轻，无可奈何，只得返回，在途经杭州时写下了这篇文章。

这篇短文以入山访友作为线索，记述了出城、渡湖、穿林、登山的过程，描写了夜晚西湖以及周围山林的景象。虽然这是一篇游记性质的小散文，但作者对景物的细致观察与描绘，为我们创造出一种清幽的氛围，仿佛是远离了人世间的尘世外，寂静清冷之中又蕴含着一丝温馨与明媚，让人不得不赞叹秦观笔下的功力。

北宋时的清明时节

东京梦华录·清明节

清明节，寻常京师以冬至后一百五日为大。寒食前一日谓之“炊熟”，用面造枣飞燕，柳条串之，插于门楣，谓之“子推燕”。子女及笄者，多以是日上头。寒食第三节，即清明日矣。凡新坟皆用此日拜扫。都城人出郊。禁中前半月发宫人车马朝陵，宗室南班近亲，亦分遣诣诸陵坟享祀，从人皆紫衫白绢三角子青行缠，皆系官给。节日亦禁中出车马，诣奉先寺道者院祀诸宫人坟，莫非金装绀幰，锦额珠帘，绣扇双遮，纱笼前导。士庶阗塞诸门，纸马铺皆于当街用纸衮叠成楼阁之状。四野如市，往往就芳树之下，或园囿之间，罗列杯盘，互相劝酬。都城之歌儿舞女，遍满园亭，抵暮而归。各携枣、炊饼，黄胖、掉刀，名花异果，山亭戏具，鸭卵鸡雏，谓之“门外土仪”。轿子即以杨柳杂花装簇顶上，四垂遮映。自此三日，皆出城上坟，但一百五日最盛。节日坊市卖稠饧、麦糕、乳酪、乳饼之类。缓入都门，斜阳御柳；醉归院落，明月梨花。诸军禁卫，各成队伍，跨马作乐四出，谓之

及笄：指古时候女孩子结发如成人，一般为十五岁。

绀幰：天青色的车幔。

“摔脚”。其旗旄鲜明，军容雄壮，人马精锐，又别为一景也。

译文

清明节，通常京城里将冬至后的第一百零五天做为大寒食。大寒食的前一天叫作“炊熟”，人们用白面制作飞燕形的枣，再用柳条串起来，插在门头上，叫作“子推燕”。家中有十五岁女孩的，大多都会在这一天将头发束起来。寒食节的第三天，就是清明节了。凡是新坟都要在这一天祭扫。因此在这一天，京城里的人们都纷纷前往郊外扫墓。而皇宫之中，早在半个月前就安排人手准备车马，皇家宗室以及南班官等近亲子弟们，也分别被派遣前往各陵墓进行祭祀。随从之人全都穿着紫色长衫，白绢三角子青行缠头，这些全都由官府统一配发。清明节当天，宫中还要派出车马，前往奉先寺和道者院，祭祀各宫嫔的坟墓。祭祀的车队全都是青色的车幔，铜饰的车身，锦绣的横额，珍珠的垂帘，一对宫扇遮挡，还有两排纱笼在前面引导。老百姓会在各处城门驻足观看，使得道路拥挤堵塞。那卖纸马的店铺，都在当街用祭祀用品摆放成楼阁的形状，以供人观看和购买。郊外四野像城中的集市一样，非常热闹。那些祭祀扫墓的人，往往就坐在绿树下面，或者田园之间，摆放上杯盘果品，相互祝告。京城里的那些歌舞艺人，遍布在各个园亭之中，到日暮时分才返城。各自携带着枣、炊饼、黄胖、掉刀、名花、异果、山亭、戏具、鸭卵、鸡雏等，这些叫作“门外士仪”。出城的轿子都用柳枝和杂花装饰在轿顶上，四边垂下来，将轿门遮掩起来。从寒食节开始的三天内，城里的人们都会出城上坟，但要数在冬至后的第一百零五日那天人最多。节日期间，集市上卖的吃食有稠饧、麦糕、乳烙、乳饼等。傍晚时分，人们才慢慢地步入城门，斜阳辉映着御道两旁的杨柳，人们乘着醉意回到自家院中，明月的清光洒在庭院满树洁白的梨花上。各级军士及侍卫，各自排列成整齐的队伍，骑马奏乐，四处游玩，这叫作“摔脚”。所有队伍都是旗帜鲜明，军容雄壮，人马精锐，这又是京城里的另一道独特景观了。

敲黑板

说到中国历史上经济文化最繁盛的时代，很多人认为是北宋，有两点明证，一个是《清明上河图》，另一个就是《东京梦华录》；一个以长幅画卷形式展示了北宋的繁华热闹，另一个则以文字再现了北宋都城东京如梦如幻的美好往事；一个直观，肉眼可见；一个生动，细致具体，两者相辅相成，共同为后世展现了曾经属于北宋属于东京的那份荣耀。此文便节选自《东京梦华录》。

宋钦宗靖康二年，即公元1127年，金国大军南下，长驱直入，直捣北宋都城东京，掳走了宋徽宗、宋钦宗二帝，以及大批王公大臣、后宫女子，北宋由此灭亡，史称“靖康之变”。壮丽辉煌的东京城顷刻间土崩瓦解，不复存在，大批中原人士纷纷南逃，逃往相对安定的江南一带。长期颠沛流离的苦难生活，使他们不时怀念起东京城昔日的富华景象，在御街前走马看灯，在酒楼上赏月听曲，在清明时节郊外踏青。孟元老就是其中的一员，他怀着对往昔的无限眷念和对现实的无限伤感撰写了这本著名的《东京梦华录》，以他的亲身经历，所见所感，为东京曾经的繁盛留下了浓墨重彩的一笔。

这本书创作于宋钦宗靖康二年，在靖康之变不久，是一本笔记体散记文，追述北宋都城东京风俗人情的著作，上至王公贵族的奢靡生活，下到普通百姓的日常情景，无所不包。从文学性和艺术性来看，这本书极其普通，但因为其真实而详细，涉及北宋都城样式、经济生活、都市文化、市民日常情景、民俗节日等方方面面的内容，因此，对后世学者来说，它是一部极其重要的历史文献。从都城的范围到皇宫建筑，从官署的处所到城内的街坊，从州桥夜市到店铺买卖，从歌舞曲艺到婚丧习俗，从饮食起居到节日时令，无所不有，不仅可以了解当时的民风习俗，同时也能感受到北宋发达的经济和繁荣的市民生活。

本篇就为我们详细讲述了北宋京城清明节时的习俗与情景：寒食节的第三天是清明节，人们纷纷前往郊外扫墓，皇家宗室也要前往各陵墓祭祀；这一天，郊外四野会非常热闹，人们有的坐在绿树下面，有的坐在田间，歌舞艺人则遍布在亭园之中；出城的轿子也有讲究，要用柳枝和杂花装饰在轿顶上，四边垂下来，还要将轿门遮掩起来；傍晚时分，斜阳辉映着御道两旁的杨柳，人们乘着醉意回到自家院中，明月的清光洒在庭院满树洁白的梨花上。从孟元老先生的描绘中，我们依然可以一睹北宋东京曾经的无限光彩，那是烟花三月，万紫千红，那是杨柳依依，明月千里。

朱熹与百丈山

百丈山记

登百丈山三里许，右俯绝壑，左控垂崖，垒石为磴，十余级乃得度。山之胜，盖自此始。

循磴而东，即得小涧。石梁跨于其上。皆苍藤古木，虽盛夏亭午无暑气。水皆清澈，自高淙下，其声溅溅然。度石梁，循两崖曲折而上，得山门。小屋三间，不能容十许人，然前瞰涧水，后临石池，风来两峡间，终日不绝。门内跨池又为石梁。度而北，蹑石梯，数级入庵。庵才老屋数间，卑庳迫隘，无足观。独其西阁为胜。水自西谷中循石罅奔射出阁下，南与东谷水并注池中。自池而出，乃为前所谓小涧者。阁据其上流，当水石峻激相搏处，最为可玩。乃壁其后，无所睹。独夜卧其上，则枕席之下，终夕潺潺。久而益悲，为可爱耳。

淙：灌注。

蹑：踩。

卑庳：低矮。

罅：裂缝。

出山门而东十许步，得石台。下临峭岸，深昧险绝。于林薄间东南望，见瀑布自前岩穴瀵涌而出，投空下数十尺。其沫乃如散珠喷雾，目光烛之，璀璨夺目，不可正视。台当山西南缺，前揖芦山，一峰独秀出，而数百里间峰峦高下亦皆历历在眼。日薄西山，余光横照，紫翠重迭，不可殚数。旦起下视，白云满川，如海波起伏。而远近诸山出其中者，皆若飞浮来往。或涌或没，顷刻万变。台东径断，乡人凿石容磴以度，而作神祠于其东，水旱祷焉。畏险者或不敢度。然山之可观者，至是则亦穷矣。

余与刘充父、平父、吕叔敬、表弟徐周宾游之。既皆赋诗以纪其胜，余又叙次其详如此。而其最可观者，石磴、小涧、山门、石台、西阁、瀑布也。因各别为小诗以识其处，呈同游诸君。又以告夫欲往而未能者。

译文

登上百丈山约三里路，从右边往下看，是又深又险的山沟，路的左边临靠陡峭的山崖，路面由垒起来的石磴所组成，登上十几级台阶才算走过了这段危险区。百丈山的胜景，从此开始。

沿着石磴向东走去，就会遇到一条小山涧。一座石桥横跨在它上面。桥的两边都是苍青色的藤条和古老的树木，即便是盛夏的正午时分，这里也不会有一丝暑气。山涧的水非常清澈，从高处流下来，发出“溅溅”的流水声。走过石桥，沿着两旁都是山崖的小路曲折地登上去，遇到一座寺院的山门。里面有三间小房子，连十来个人都容纳不下，可是在这个地方，前面可以俯视涧水，后面临着石池，风从两旁的山峡间吹来，终日不断。门内，又有一座石桥横跨在石池上。过了石桥向北走，踩着石梯，上几级就到了尼姑庵。里面仅有几间旧房子，又矮又窄，没有什么值得观看的地方。只有它的西阁风景秀丽。溪水从西面的山谷中顺着裂缝从西阁而下，像射箭一般飞奔而去，与东面山谷中的水一并注入石池中。水从石池中再流出来，于是就形成了前面所说的小山涧。西阁坐落在它的上游，在激流和峻石相互冲击的地方，最值得欣赏。后面有一座石壁，没什么可看的。晚上独自一人躺在西阁里面，在枕头和卧席上整夜都能听到潺潺的流水声。听的时间长了，越发感到悲伤，但也很有意思。

从寺院的大门出来，向东大约走十几步，遇到一座石台。石台下面临着陡峭的崖岸，幽深昏暗、极其险峻。从草木丛生的地方向东南方向望去，看见一座瀑布从前面的岩穴中喷涌而出，又从几十尺的高空中投下来，溅起的水沫像极了四处散落的珍珠，又像是喷射而出的雾气，被太阳光一照、光彩夺目，眼睛不能直视。石台在山西南面的缺口处，它的前面对着芦山，有一座秀丽的山峰出现在眼前，方圆几百里高低起伏的峰峦，也都一个个清清楚楚地呈现在眼前。夕阳西下，它的余光横射过来，紫色和翠绿色重重叠叠，数也数不完。早晨起来往山下望去，白云铺满了大地，如同是大海上起伏的波涛一般。从白云中露出来的远近各处的山峰，也都如飘飞浮动的一般来来往往，有的涌出，有的沉没，转眼之间千变万化。石台向东的小路断绝了，当地的乡民们凿出仅能容下脚的石磴来通过，并在东面建了一座神祠，遇到水灾或旱灾，就会到这里来祈祷。害怕危险的人就不敢过去。山上可供观赏的景致，到这里也就没有了。

我和刘充父、刘平父、吕叔敬、表弟徐周宾到这里游玩。已经把山上的景致都写诗记述过了，我又按照次序这样详细地记述下来。其中最值得观赏的地方是石磴、小山涧、寺院的山门、石台、西阁和瀑布。因此分别作了小诗来描述这些地方，呈送给了一同前来游览的人。现在又写了这篇游记，用来告诉那些想去游览而未能去的人。

敲黑板

本文作者朱熹，南宋诗人、著名学者，江西婺源人，出生于福建尤溪。我们第一次认识朱熹先生，应该是从《春日》那首小诗开始的：

胜日寻芳泗水滨，无边光景一时新。
等闲识得东风面，万紫千红总是春。

朱熹可不是那种只会吟风弄月的才子，他可是南宋时期大名鼎鼎的哲学家，宋代理学的集大成者，是继孔子、孟子、董仲舒、孔颖达、韩愈等之后的又一旷世大儒，其思想对后世有着极为深远的影响，成为明清两代的官方思想。

明清时期的读书人，若想考取功名，中进士，必须精通“四书五经”，尤其是“四书”。但每个人对“四书”的解读可能都不一样，那怎么办呢？标准答案就在朱熹的《四书章句集注》中，因此，朱熹俨然成了后世读书人的绝对权威。除此之外，他还提出了“存天理，灭人欲”的著名思想，他的著作主要有《四书章句集注》《太极图说解》《通书解说》《楚辞集注》等。

这篇游记作于宋孝宗淳熙二年，即公元1175年，当时的朱熹已经45岁了。

百丈山，又名百丈岩，位于今天福建省南平松溪县境内，离朱熹的出生地不远，是松溪十大山峰之一，海拔1243米，风光秀丽宜人。

当时，朱熹与刘充父、平父、吕叔敬、表弟徐周宾等人一起登百丈山，之后写下了这篇文章，目的在于引导人们去游览百丈山的胜景。

文章第一段，重点写百丈山地势险要，必须得以叠石为台阶才能通过。作者在这里表现出了对险、奇、美的欣赏与赞叹。文章第二段，详细描写了涧水美的形态和作者由此萌生的审美情趣。文章第三段，先写壮美的瀑布，后又写了千姿百态的山峰。最后一段，点明了写作此文的目的：引导人们去游览百丈山的胜景。

这篇游记和通常平铺直叙的游记不同，朱熹处处留意对重点景观的介绍描写，如开头的“石磴”，中间的“小涧”。百丈山中最吸引游人的，无疑是石台和石台周围的景色。从石台往下看，既可以看见水从岩穴中喷涌而出，又可远眺数百里峰峦的壮观景色，还有那千变万化的云海、缓缓西沉的夕阳，真是美不胜收，令人流连忘返。

放翁老笔尤健，当今乃推一流

姚平仲小传

姚平仲，字希晏，世为西陲大将。幼孤，从父古养为子。年十八，与夏人战臧底河，斩获甚众，贼莫能枝梧。宣抚使童贯召与语，平仲负气不少屈。贯不悦，抑其赏，然关中豪杰皆推之，号“小太尉”。睦州盗起，徽宗遣贯讨贼，贯虽恶平仲，心服其沉勇，复取以行。及贼平，平仲功冠军，乃见贯曰：“平仲不愿得赏，愿一见上耳。”贯愈忌之。他将王渊、刘光世皆得召见，平仲独不与。

枝梧：抗拒。

钦宗在东宫，知其名，及即位，金人入寇，都城受围，平仲适在京师，得召对福宁殿，厚赐金帛，许以殊赏，于是平仲请出死士斫营擒虏帅以献。及出，连破两寨，而虏以夜徙去。平仲功不成，遂乘青骡亡命，一昼夜驰七百五十里，抵邓州，始得食。

入武关，至长安，欲隐华山，顾以为浅，奔蜀，至青城山上清宫，人莫识也。留一日，复入大面山，行二百七十余里，度采药者莫能至，乃解纵所乘骡，得石穴以居。朝廷数下诏物色求之，弗得也。乾道、淳熙之间，始出，至文人观道院，自言如此。

时年八十余，紫髯郁然，长数尺，面奕奕有光；行不择崖堑、荆棘，其速若奔马；亦时为人作草书，颇奇伟，然秘不言得道之由云。

译文

姚平仲，字希晏，家族世代担任西部边境的大将。他从小就是孤儿，叔父姚古把他作为儿子抚养。十八岁的时候，姚平仲与西夏军队在臧底河交战，消灭和俘虏的敌人很多，敌人不能抗拒。宣抚使童贯召见了他，与他谈话，姚平仲自恃有骨气，一点也不屈从。童贯很不高兴，克扣了朝廷对他的赏赐，可是关中豪杰都很推崇他，称他“小太尉”。后来睦州地区盗贼作乱，宋徽宗派遣童贯前往征讨贼寇，童贯虽讨厌姚平仲，但心中也敬佩他的沉稳勇猛，于是又调他一同前往。等到贼寇被平定，姚平仲的功劳在全军上下最大，于是他面见童贯说：“我不想得到赏赐，只愿见皇上一面。”童贯更加忌恨他。其他将领如王渊、刘光世等都得以被皇上召见，唯独姚平仲没有被召见。

宋钦宗做太子时，听说了姚平仲的大名，等到即位时，金国人大举侵犯宋朝，京城被包围了，姚平仲此时恰巧在京城，宋钦宗便在福宁殿召见他，向他询问对策，并赏赐给他丰厚的金钱布匹，用重赏许诺他。于是姚平仲请求率领死士攻入敌营，捉拿敌人的头领以献给宋钦宗。等到出击后，他接连攻破敌人的两座营寨，可是敌人在夜里已经撤走了。姚平仲立功不成，于是就骑着青黑色的骡子逃命去了，一天一夜跑了七百五十里，到达邓州后才敢吃饭。

后来，姚平仲进入武关，到了长安，想要在华山隐居，只是担心那里离朝廷太近，于是又跑到了蜀地，到了青城山的上清宫，人们都不认识他。住了一天，又进入大面山，走了二百七十多里，估计上山采药的人都到不了这里，这才放走了所骑的骡子，找了一个石洞住下来。朝廷多次下诏依据相貌来搜寻他，都没有找到。到了乾道、淳熙年间，他才出山，到了丈人观道院，自己说了以上经历。

当时他已经八十多岁了，紫红色的胡子很密，长几尺，脸色有红光；走路时不躲避悬崖、沟渠、荆棘丛，速度就像奔驰的快马；也经常给别人写草书，字迹非常奇特雄伟，但是从来不对别人说自己得道的秘密。

敲黑板

本文作者陆游，号放翁，浙江绍兴人，南宋文学家、史学家、爱国诗人。

陆游出生两年后，靖康之变爆发，北宋灭亡，大批中原人士纷纷南逃，陆游的父亲也是其中的一员，他携家眷逃回到老家绍兴。生逢乱世，又面对如此国仇家恨，陆游在少年时代便深受爱国思想的熏陶，如辛弃疾一样，其一生理想就是立志抗金，收复中原。

陆游一生坎坷，青年时代遭到秦桧的排挤，仕途不顺，后又屡屡遭受主和派的打压，郁郁不得志。他的挚爱表妹唐琬后又离他而去，其收复中原的理想至死都未能实现。临死之时，他仍念念不忘中原大好河山，含泪写下了《示儿》一诗：

死去元知万事空，但悲不见九州同。
王师北定中原日，家祭无忘告乃翁。

陆游嘱咐自己的子孙，若有一日朝廷北定中原了，一定不要忘了告诉他。

陆游活到85岁高龄，一生笔耕不辍，在诗、词、文、史学等方面都具有很高的成就。其诗语言平易晓畅、章法严谨，兼具李白的雄奇奔放与杜甫的沉郁悲凉，尤以饱含爱国热情的诗篇对后世影响深远。同时，陆游还是一位伟大的书法家，书法遒劲奔放，存世墨迹有《苦寒帖》等。

本篇文章是一篇具有传奇色彩的人物传记。主人公姚平仲是北宋时期的青年将领，征战沙场，勇猛果敢，杀敌无数，一生充满传奇色彩。这位处在战斗第一线的将领，陆游对其很是仰慕，除这篇小传之外，陆游还写有一首赞颂姚平仲的诗篇。

这篇小传虽只有三百六十余字，但却将这位充满传奇色彩的英雄人物生动形象地展现在我们面前。全篇可分为两部分，第一部分着重写了三件事：一，家世出身、大破西夏；二，平贼寇、效忠朝廷；三，在国家危亡之际，姚平仲毅然受命，出奇谋，英勇杀敌，遗憾的是敌人及时撤离，未能功成。第二部分时间跨度较大，主要写姚平仲隐居名山的过程，以及有关他晚年时的神奇传说。第一部分以记实为主，可信度高；第二部分以传闻为主，充满了神奇色彩，给人留下深刻的印象。

由此可以看出，陆游在写这篇小传时，痛惜抗金人才被埋没，也痛恨权贵们昏庸腐朽，愤慨之情跃然于纸上。

西湖美景二月天

初至西湖记

武林门：古杭州的城门。保叔塔：应作“保俶塔”，在杭州旁的山上。

从武林门而西，望保叔塔突兀层崖中，则已心飞湖上也。

午刻入昭庆，茶毕，即棹小舟入湖。山色如娥，花光如颊，温风如酒，波纹如绫；才一举头，已不觉目酣神醉，此时欲下一语描写不得，大约如东阿王梦中初遇洛神时也。

余游西湖始此，时万历丁酉二月十四日也。

晚同子公渡净寺，觅阿宾旧住僧房。取道由六桥、岳坟、石径塘而归。草草领略，未及偏赏。

次早得陶石篑帖子，至十九日，石篑兄弟同学佛人王静虚至，湖山好友，一时凑集矣。

译文

从杭州的武林门向西前行，远远望见保俶塔耸立在层峦山崖之上，我的心绪便早已飞到那西湖之上了。

中午时分，我进入昭庆寺，喝完茶之后，即划着小船进入西湖。只见周围的山峦色彩如同女子的黛眉，春天的百花光彩好似少女的面颊，柔和的春风就像醉人的美酒一般，湖面的波纹也仿佛平滑的绸缎似的；刚一抬头，不由得已经眼花缭乱，如痴如醉。这时，想要用一词语来描绘眼前的景致，却始终想不出来，大约就好像是曹植在梦中初次遇见洛神时那样精神迷离恍惚吧。

我游览西湖就是从这一次开始的，时间是万历二十五年二月十四日。

晚间时分，我同子公一道坐船来到净慈寺，寻觅弟弟阿宾旧时曾住过的僧房。在回来的途中，经过了六桥、岳飞墓、石径塘等景点。只是草草地看了看，没有来得及细细领略。

第二天一早，我收到了陶石篑相邀的帖子，到了十九日，石篑兄弟和佛学居士王静虚都来了，一同游山玩水的这些好友一时间都凑到一起了。

敲黑板

本文作者袁宏道，明代文学家，在明代文坛上占有重要地位。他与哥哥袁宗道、弟弟袁中道合称“三袁”，因他们都是湖北公安人，所以被称为“公安派”，其中，袁宏道既是创始人，又是领袖，文学成就最大。他主张写文章应该抒发性灵，表现自己最真实的情感，不必拘泥于某种固定的套路或者风格，他尤其反对“文必秦汉，诗必盛唐”的观念，认为时代既然变化了，文章也应做出改变，写出符合时代特征的作品。这篇小品文就是明证，性情所至，尽皆真实，随心而为，不虚伪、不矫情、不套路。

明万历二十五年（公元1597年），袁宏道29岁，因从未到过杭州西湖，想要一睹其美景，便火急火燎地出了武林门，划着小船进入西湖。

的确，历代文人墨客将杭州西湖渲染得美不胜收，那是仙境中的仙境，胜景中的胜景：

白居易：几处早莺争暖树，谁家春燕啄春泥。

苏轼：欲把西湖比西子，淡妆浓抹总相宜。

徐元杰：花开红树乱莺啼，草长平湖白鹭飞。

杨万里：接天莲叶无穷碧，映日荷花别样红。

古时不比现代，旅游只是小众行为，是那些达官显贵、文人雅士的专利，任何一处旅游胜地人都不多，也最大程度保留了最初的原貌。没了熙熙攘攘的人群，没有浓厚的商业化氛围，这些胜景大都不会让这些文人失望的。现在就不同了，著名的景点，人满为患是常态，商业氛围更是浓得化不开，无数景点就此沦为步行街。许多人表示，要想毁掉一处胜景在你心中的美好印象，你选择在节假日去看一看就行。

袁宏道显然没有这样的顾虑，他径直去了，果然如他所想的一般：只见周围的山峦如同女子的黛眉，春天的百花光彩好似少女的面颊，柔和的春风就像醉人的美酒，湖面的波纹也仿佛平滑的绸缎似的。一个排比句便将西湖胜景简单地勾勒了出来，他眼花缭乱，如痴如醉，沉醉其间，不能自拔。这时，他想用一个词语来描绘眼前的景致，却始终想不出来，大约就好像是曹植在梦中初次遇见洛神时那样精神迷离恍惚吧。洛神是曹植心中的女神，也是后世众多文人心中的女神，由此可见西湖之美。

天下奇观——钱塘江大潮

白洋潮

故事：旧俗。

故事，三江看潮，实无潮看。午后喧传曰："今年暗涨潮。"岁岁如之。

遄（chuán）：疾速。

庚辰八月，吊朱恒岳少师至白洋，陈章侯、祁世培同席。海塘上呼看潮，余遄往，章侯、世培踵至。

擘（bò）翼：张开翅膀。

镞镞（cù）：同"簇簇"，簇拥状。

辟易：惊退。礴：撞击。

立塘上，见潮头一线，从海宁而来，直奔塘上。稍近，则隐隐露白，如驱千百群小鹅擘翼惊飞。渐近，喷沫溅花，蹴起如百万雪狮，蔽江而下，怒雷鞭之，万首镞镞，无敢后先。再近，则飓风逼之，势欲拍岸而上。看者辟易，走避塘下。潮到塘，尽力一礴，水击射，溅起数丈，著面皆湿。旋卷而右，龟山一挡，轰怒非常，炝碎龙湫，半空雪舞。看之惊眩，坐半日，颜始定。

先辈言：浙江潮头，自龛、赭两山漱激而起。白洋在两山外，潮头更大，何耶？

译文

按照旧俗，在三江镇看潮，实在没什么可看的。但每到午后，就会有人在那里喧闹着说：“今年是暗涨潮。”年年都是如此。

庚辰年八月，我因吊唁朱恒岳少师来到白洋，陈章侯、祈世培与我一同前往。忽然，海塘上有人呼喊着去看海潮，我疾速跑过去，他俩随后也来了。

我们站立在海塘上，看见潮头宛如一条线一般，从海宁方向往这里扑面而来，直奔海塘上。等到潮水稍稍靠近的时候，隐隐浮现出无数的雪白浪花，如同是千百只小鹅被驱赶而来，张开翅膀惊慌地飞着。海潮渐渐逼近，只见水沫喷涌而出，浪花四处飞溅，恰似有百万头雪白的狮子在蹦跳着，长驱直入、滚滚而下，又好像有雷霆之怒在驱使它们，百万头雪狮簇拥而来、争先恐后。潮水再逼近一些，就好像被飓风逼迫而来，那气势仿佛是要拍打着堤岸涌上来。观看海潮的人个个惊恐地往后退缩，跑到海塘下面躲避。海潮最终到达海塘，拼尽浑身力气一搏，海水冲击喷射，溅起高达几丈的浪花，看潮的人身上都被浪花打湿了。海潮旋转翻腾向右边涌去，被龟山挡住，水势更加猛烈，水声更加响亮，就像是用龙湫之水炒菜一样翻滚不止，在那半空中，无数水花像雪花一样飞舞。观看的人惊异不已、头晕目眩，坐了半天，脸色才渐渐恢复。

先辈们说：浙江的海潮，是从龛山与赭山开始翻涌奔腾而起的。白洋位于这两座山之外，而潮头却更大，这是什么原因呢？

敲黑板

本文作者张岱，浙江绍兴人，明末清初文学家，出生于官宦世家，早年过着贵公子的生活。后来明朝灭亡，人到中年的张岱仍然像其他有志之士一样，成为抗清斗士的一员。后来见大势已去，就隐居到了浙江的剡溪山中，一心做学问，代表作品有《陶庵梦忆》《西湖梦寻》《琅嬛文集》《夜航船》等。本文便是《陶庵梦忆》中的一篇。

明崇祯十三年八月，即公元1640年，张岱与陈洪绶（陈章侯）、祁世培一起，前往吊唁朱恒岳，在老家绍兴西北的白洋村，见到了气势宏大的钱塘江大潮，一时间心潮澎湃，有感于大自然的雄伟瑰丽，因而写下了这篇文章。

说到钱塘江大潮，今天可以说是妇孺皆知了。每到农历八月十六日至八月十八日，电视及网络上一般会为我们直播人们观潮的盛况。因为在这几天，太阳、月亮和地球几乎处在一条直线上，海水受到的引潮力最大，自然也就最为壮观了。

当然，不光是今天的人们喜欢观钱塘江大潮，古时的人们也喜欢，流传下来的诗歌文章更是数不胜数。除了张岱的这篇之外，还有宋代周密写的《观潮》一文，开篇就说：浙江之潮，天下之伟观也。古诗就更多了，孟浩然有“惊涛来似雪，一坐凛生寒”，李白有“浙江八月何如此？涛似连山喷雪来”，罗隐有“怒声汹汹势悠悠，罗刹江边地欲浮”，苏轼有“八月十八潮，壮观天下无”，杨蟠有

“一气连江色，寥寥万古清”，等等，无一不是盛赞钱塘江大潮的气势非凡，惊天动地。

本篇文章是按照空间顺序来展开的，将海潮由远及近的情形描绘得淋漓尽致，尤其是比喻手法的运用：最开始宛如一条线一般；等到潮水稍稍靠近时，那隐隐浮现的雪白浪花，就如同千百只小鹅被驱赶而来；海潮再渐渐逼近，又恰似百万头雪白的狮子在蹦跳；海潮最终到达海塘，拼尽浑身力气一搏，仿佛天崩地裂一般，在那半空中，无数水花像雪花一样飞舞。

有志者事竟成

为学一首示子侄

天下事有难易乎？为之，则难者亦易矣；不为，则易者亦难矣。人之为学有难易乎？学之，则难者亦易矣；不学，则易者亦难矣。

吾资之昏，不逮人也，吾材之庸，不逮人也；旦旦而学之，久而不怠焉，迄乎成，而亦不知其昏与庸也。吾资之聪，倍人也，吾材之敏，倍人也；屏弃而不用，其与昏与庸无以异也。圣人之道，卒于鲁也传之。然则昏庸聪敏之用，岂有常哉？

鄙：边远的地方。

蜀之鄙有二僧：其一贫，其一富。贫者语于富者曰："吾欲之南海，何如？"富者曰："子何恃而往？"曰："吾一瓶一钵足矣。"富者曰："吾数年来欲买舟而下，犹未能也。子何恃而往？"越明年，贫者自南海还，以告富者，富者有惭色。

顾：反而。

西蜀之去南海，不知几千里也，僧富者不能至而贫者至焉。人之立志，顾不如蜀鄙之僧哉？是故聪与敏，可恃而不可恃也，自恃其聪与敏而不学者，自败者也。昏与庸，可限而不可限也；不自限其昏与庸，而力学不倦者，自力者也。

译文

天下的事情有困难和容易的区别吗？只要肯做，那么困难的事情也变得容易了；不肯做，那么容易的事情也变得困难了。人们做学问有困难和容易的区别吗？只要肯学，那么困难的学问也变得容易了；不肯学，那么容易的学问也变得困难了。

我天资愚钝，比不上别人；我才能平庸，也比不上别人。我每天坚持学习，长久以来从未懈怠，等到学成了，也就不知道自己天资愚钝与平庸了。我天资聪颖，远超他人；我才思敏捷、能力出众，也远超他人，却摒弃自己的天分不努力发挥，这样与普通人没有什么区别。圣人孔子的道德学问，最终是依靠不怎么聪明的曾参传下来的。如此看来，所谓的聪明愚笨，难道会是一成不变的吗？

四川某个边远的地方有两个和尚，其中一个贫穷，一个富裕。穷和尚对富和尚说："我想要到南海去，你觉得怎么样？"富和尚说："你依靠什么去呢？"穷和尚回答说："我只需要一个盛水的瓶和一个盛饭的碗就足够了。"富和尚说："几年来，我都在想着要雇船沿江而下，尚且没有成功，你依靠什么去呢？"到了第二年，穷和尚从南海回来了，把过往的经历告诉富和尚，富和尚的脸上露出了惭愧之情。

四川距离南海，不知道有几千里路。富和尚不能到达，可是穷和尚却做到了。一个人立志求学，难道还不如四川某个边远地方的那个穷和尚吗？因此，聪颖与敏捷，可以依靠但不可以完全依靠；那些依靠着自己的聪颖与敏捷却不努力学习的人，是自己毁了自己。愚钝与平庸，可以限制一个人却不能完全限制一个人；那些不被自己的愚顿与平庸所限制而不断努力学习的人，是依靠自己的努力学成的。

敲黑板

这是一篇标准的励志文。

作者彭端淑，清代文学家，四川丹棱人，进士出身，与李调元、张问陶一起被后人并称为“清代四川三才子”。

彭端淑出身在一个官宦家庭，可以说是世代书香，多位叔父都是举人出身，担任过知县等小官。可到了彭端淑的子侄辈时，虽然人数众多，却连一个举人都没有考上，彭端淑见状，很是忧心，这不是明摆仗着家族啃老吗？故而写下了这篇文章，来训斥那些不努力学习的子孙们。

文章第一段便开明宗义：天下的事情有困难和容易的区别吗？没有，只有肯做和不肯做的问题。只要肯做，那么困难的事情也变得容易了；不肯做，那么容易的事情也变得困难了。做学问也是一样。文章第二段，作者便拿自己来举例，不论是天资聪颖还是资质愚钝，只要坚持不懈，努力做学问，时间久了，终会有所成就；反之，即便是天资聪颖，如果不学习，后天不努力，那么一切都是枉然，是不会有任何成就的。正如现在人们常说的：以大多数人努力程度之低，还远远没有达到要去拼天赋的地步。文章第三段，作者举了一个极为生动的例子——蜀中两个和尚，再次证明了后天努力的重要性：四川距离南海，不知道有几千里路。富和尚不能到达，可是穷和尚却做到了。一个人立志求学，难道还不如四川某个边远地方的那个穷和尚吗？

这样的例子在我们的日常生活当中到处都是，各行各业中的杰出代表，无一不是在自己的工作岗位中几十年如一日地坚守着。

学习更是如此。众所周知的方仲永小时候特别聪明，是个标准的天才，可他没有继续学习，后天努力跟不上，结果自然是跟普通人没什么两样了。

拍马屁的下场

和尚敬茶

铛臼：烹茶的工具。

伏谒：拜见

灵隐寺僧某，以茶得名，铛臼皆精。然所蓄茶有数等，恒视客之贵贱以为烹献；其最上者，非贵客及知味者，不一奉也。一日，有贵官至，僧伏谒甚恭，出佳茶，手自烹进，冀得称誉。贵官默然。僧惑甚，又以最上一等烹而进之。饮已将尽，并无赞语。僧急不能待，鞠躬曰：“茶何如？”贵官执盏一拱曰：“甚热。”

译文

灵隐寺有位僧人，凭借煮茶的技艺而得名，用来煮茶的工具也很精致。然而他所储藏的茶叶有很多等级，经常会依据客人的贵贱来烹茶进献；那些最上等的茶叶，若不是高贵的客人以及识茶的人，是不会拿出来进献的。一天，有一位显贵的官员来了，僧人恭敬地拜见，拿出好茶，并亲自动手烹煮进奉给他，希望能够得到他的称赞。这位显贵的官员默不作声。僧人感到非常困惑，又用最上等的茶叶烹煮进献给他。这位官员都已经喝完了，还是没有称赞的言语。僧人急不可待，便向他鞠了一躬，问道："茶味道怎么样？"这位官员手拿茶杯一抬，说："茶太烫了！"

敲黑板

这篇小短文选自蒲松龄的短篇小说集《聊斋志异》。

蒲松龄，清代文学家，出身于没落地主家庭，一生都在参加科举考试，却始终没能考上，郁郁不得志，但他用毕生精力完成的《聊斋志异》，却让他留名后世。

《聊斋志异》的内容丰富多彩，情节曲折离奇，主人公多是一些妖仙鬼怪。其中，多数故事都来源于民间传说和野史轶闻，批判假恶丑，歌颂真善美，充分表达了作者的爱憎感情和美好理想，是一部优秀的文言作品集。

这篇小短文尽管没有花妖狐仙，但也同样带有批判性质，揭露不良的社会风气。佛寺本是清净之地，远离世俗之所在，佛家更是讲求众生平等，然而佛寺中的这位僧侣却趋炎附势，将人分成三六九等，对待不同的人使用不同的茶叶，可以说是世俗至极。他本想好好伺候这位显贵的官员，不曾想马屁竟拍到马腿上了，这位官员根本就不懂茶。结局也很幽默，出人意料，对于官员来说，茶好不好他并不知道，茶热不热他还是能感知出来的。对于一心求取赞美的僧人来说，求而不得，而官员的回答更是南辕北辙，这实在是赤裸裸的讽刺，讽刺这位僧人谄媚权贵、趋炎附势。

日啖荔枝三百颗

荔枝话

泉郡佳荔类多，其知名者曰火山；曰早红，熟最先；曰桂林，一名野种，又名椰钟，系出粤东，硕身而耸肩，又气韵微减；曰进贡子，其瓤不浧，出阪田傅会元家；曰状元红，推锦田为上，枫亭次之。若笔香、麻饼，则山荔之总名也，熟最后，貌颇寝。噉时已与龙眼同荐冰盘矣……有名陈家紫者，疑即蔡谱中所云小陈紫者，泉郡有之不一二邑，邑不一二家，家不一二株。

译文

泉州品质好的荔枝种类有很多，其中比较知名的有“火山”；“早红”这个品种成熟得最早；还有叫“桂林”的，又名“野种”和“椰种”，原产自广东的东部，外形饱满肥硕且中间高耸，只是整体样子微差了一点。还有叫“进贡子”的，这类荔枝外面的壳儿滑腻湿润，出自阪田的傅会元家。还有叫“状元红”的，这个品种的荔枝要属锦田地区的最好，枫亭的其次。像笔香、麻饼这些名字便是山上荔枝的总称了，最晚成熟，外形非常普通。要吃的时候已经可以和龙眼一起放在冰盘里了……有名的是陈家紫荔枝，我怀疑就是蔡襄《荔枝谱》中所说的“小陈紫”，泉州有此品种的小城镇不止一两个，小城镇里不止一两家在种，百姓家中也不止一两株。

敲黑板

明清两代盛产小品文，专注于生活美食，着眼于个人精致的生活品味与情趣，这篇《荔枝话》就是。

作者林嗣环，文学家，生于明代，长于明代，于清顺治年间进士及第，这一年他已经四十二岁了，其代表作有《荔枝话》《口技》《回雁草》等。

说到荔枝，大家并不陌生，唐代杜牧有“一骑红尘妃子笑，无人知是荔枝来”，讲的是杨贵妃喜欢吃荔枝，唐玄宗便派人快马加急运送至长安的故事。只是关于诗中的荔枝究竟来源何处，产生了不小的争议。在人们的印象当中，荔枝是一种典型的南方水果，主产地在岭南一带，即今天的福建和两广地区，而文章中所说的泉州就在岭南，隶属于福建省。大名鼎鼎的大文豪苏轼曾为荔枝代言，他在《惠州一绝》中说：日啖荔枝三百颗，不辞长作岭南人。若是每天都能吃上三百颗荔枝，我愿意永远做个岭南人。可见不光贵妃爱吃荔枝，苏轼也爱吃荔枝。本文作者林嗣环是福建晋江人，也是岭南人，毫无疑问，他应该也是荔枝的“死忠粉”。

那么，运送到长安给杨贵妃吃的荔枝，究竟是不是来自岭南呢？不少学者认为不是，认为应该是来自四川涪陵。证据就是《舆地纪胜》中的记载，书中说：杨贵妃喜好吃新鲜的荔枝，朝廷的诏书下达到四川涪陵，荔枝便由涪陵运出，经过达州，再取道西乡，进入子午谷，三天便可到达长安，此时，荔枝的色香味都没有变化，还是新鲜的。加上杨贵妃本就是四川人，可能从小吃荔枝，进宫后，对家乡的荔枝还是念念不忘。

无论如何，岭南的荔枝才是最出名的。在这篇小短文中，林嗣环就详细为我们介绍了岭南泉州的荔枝，有“火山”“早红”“桂林”“进贡子”等多种品类，都各具特点，并且种植相当普遍，几乎遍布泉州的各个城镇，遍布每一户家庭。

《荔枝话》是一篇记述荔枝的知识小品文，不仅有一定的艺术价值，并且在农业经济方面也有较高的科学价值和史料价值。

袁枚的诗意人生

所好轩记

所好轩者，袁子藏书处也。袁子之好众矣，而胡以书名？盖与群好敌而书胜也。其胜群好奈何？曰：袁子好味，好葺屋，好游，好友，好花竹泉石，好珪璋彝尊、名人字画，又好书。书之好无以异于群好也，而又何以书独名？曰：色宜少年，食宜饥，友宜同志，游宜清明，宫室花石古玩宜初购，过是欲少味矣。书之为物，少壮、老病、饥寒、风雨，无勿宜也。而其事又无尽，故胜也。

珪璋（guī zhāng）：古代两种贵重的礼器。彝（yí）尊：古代祭祀用的青铜酒器。

虽然，谢众好而昵焉，此如辞狎友而就严师也，好之伪者也。毕众好而从焉，如宾客散而故人尚存也，好之独者也。昔曾晳嗜羊枣，不嗜脍炙也，然谓之嗜脍炙，曾晳所不受也。何也？从人所同也。余之他好从同，而好书从独，则以所好归书也固宜。

脍炙（kuài zhì）：切细的肉和烤熟的肉。

余幼爱书，得之苦无力。今老矣，以俸易书，凡清秘之本，约十得六七。患得之，又患失之。苟患失之，则以“所好”名轩也更宜。

译文

所好轩，是我藏书的书房。我的爱好有很多，为什么用自己对书的爱好来命名“所好轩”呢？因为与其他爱好相比较，我对书的爱好更强烈一些。为什么我对书籍的爱好超过其他爱好呢？我喜欢美味，喜欢装饰房屋，喜欢游玩，喜欢结交好友，喜欢花竹泉石，喜欢珪璋彝尊这些贵重的礼器酒器，喜欢名人字画，当然还喜好读书。对书的爱好与对其他爱好没什么区别，却凭什么用对书的爱好来命名“所好轩”呢？那是因为少年时才能喜好美色，饥饿时才能喜好美食，交友应该找志同道合的，出去游玩最好选在清明时节，对宫室花石古玩的赏玩也就是在刚购买时，要不了多久趣味就减少了。但书这种东西，无论少年壮年、年老病苦、饥饿寒冷、风里雨里，都不受限制，并且这种爱好又没有止境，因此才会胜出啊！

即便如此，拒绝其他爱好而沉迷于读书，这就像是谢绝了关系密切而行为不庄重的朋友，去寻找严厉的老师一样，爱好得有点虚伪。结束了其他爱好沉迷于读书，就如同宾客在席间散去而老朋友留了下来，爱好得有些狭隘。从前，曾皙爱吃羊枣、不爱吃烤肉，但是说到爱吃烤肉，曾皙却不能接受，为什么呢？这是因为依从了大家共同的爱好。我的其他爱好是依从别人，但是爱书却是依从自己，那么把我的爱好归于书本就是应该的。

我小时候就喜爱读书，可惜那时候苦于无法得到。现在我老了，用自己的俸禄来买书，凡是宫廷中收藏的图书，我差不多收藏了十分之六七。以前担心得不到书，现在我又害怕丢失了书。仅是害怕丢失这一点，用“所好”来命名我的书屋自然更是应该的了。

敲黑板

这篇文章的作者袁枚，清代著名诗人、散文家，一生享尽荣华，极富有生活情趣，活到八十二岁高龄，实在让人羡慕，其代表作品有《小仓山房文集》《随园诗话》《随园随笔》等。

说到生活情趣，这几乎是明清两代知识分子的共同特征，爱好山水楼台，着迷于花鸟泉石，热衷于精致美食，他们所写的小品文充满了个人的小情调，完全无法同唐宋时期文章的宏大叙事相比。的确，古文的鼎盛时期就在唐宋，就在唐宋八大家。

究其原因，当然是明清时期时代背景造就的。

一则，明清时期，君主专制不断加强，封建制度慢慢走向衰落。为禁锢人们的思想，统治者采用八股取士来选拔人才，不比唐宋时期，考卷上张扬着个性与才华，写满了思想与抱负。明清时期的知识分子只是埋头在故纸堆中寻章摘句，思维被严重束缚；二则，明清俱为大一统时代，政治较为稳定，没有家国仇恨，建功立业的机会相对也少，文人士大夫们也就没了家国情怀，少了远大抱负，文章的格局自然也就小了；三则，明清两代，尤其是清代，文字狱盛行，许多文人因言获罪，知识分子遭受了残酷的人身迫害，使得他们不敢大发议论、畅所欲言，更不敢谈论政治敏感话题，只得将满腹的才情付诸生活的各种细节；四则，明清时期，商品经济进一步发展，尤其是城镇经济的发展，崛起于宋代的市民阶层这时已然成了一个庞大的群体，加上私欲横流，享乐主义盛行，深刻感染了知识分子，他们只求能过好自己的小日子，着眼于现实的美好精致生活。

因此，明清两代，不再出现恢弘璀璨的《滕王阁序》，不再出现忧国忧民的《岳阳楼记》，也不再出现充满人生哲思的《赤壁赋》，有的则是对个人生活情调的推崇与追求，如《随园随笔》《浮生六记》《幽梦影》《陶庵梦忆》等接地气的生活小品文，再就是专供市民阶层娱乐消遣的小说，如《三国演义》《水浒传》《西游记》等。

这篇短文就是明证。它全文都在介绍作者袁枚有哪些喜好，又为什么最喜欢读书。

本文从作者的喜好谈起，坦率地承认他好美味、好游、好交友、好园林泉石、好名人字画，同时也好书。这反映了清明时期文人的真性情，反正只要不谈朝廷政治，也就没有其他顾忌了。

接着袁枚进一步在文中讲述，在众多喜好之中，对书籍的爱好又远超其他爱好。关于爱好书的理由，袁枚谈了两点，一是其他爱好都有消长之时，受各种条件的制约，唯独爱好书不受限制、没有止境；二是其他爱好与别人的爱好并没有什么不同，唯独爱好书，只属于个人独特的精神体验，他人无法替代。